教師のための
パワポ活用術
PowerPoint

教材づくりもグループ学習も体験学習も

稲葉通太
Inaba Michio

太郎次郎社
エディタス

はじめに

　わたしがPowerPointをはじめて見たのは、東京で開催されたバリアフリーの街づくりを考えるシンポジウムでした。わたし自身もシンポジストとして障害者の立場から提言したのですが、そのころのわたしの講演スタイルは、何枚かの短冊にポイントとなることを書き、裏にマグネットシートを貼ってホワイトボードに貼りつけていくというものでした。いまも教育現場で続いている方法です。

　わたしのつぎに話をされたのが、たしか行政関係者で、その方の説明がPowerPointを用いたものでした。そのスライドがすごくビジュアルいっぱいのわかりやすいもので、聴こえないわたしのために来ていただいた方の手話通訳を見るのも忘れて、スライドに釘づけになりました。見ているうちに、「これを使えば、もっと楽しくてわかりやすい授業ができるんじゃないだろうか」と思ったのです。2002年のことでした。

　このときのわたしは、なんとまだワープロ専用機を使っていました。かなり乗り遅れた感じだったのですが、人に聞くことを恥としない性格が幸いしました。その方に「ろう学校で使ってみたいです。いま、使われた方法を教えていただけませんか」と聞き、いろいろ教えていただきました。そして、大阪に帰ってコンビニで500円のビギナー本を買い、PowerPointに取り組みました。これが、わたしのPowerPoint事始めです。

　「聴こえないわたし」と書きましたが、わたしは小学2年生のときに交通事故の後遺症で失聴しました。ろう学校には行かず、高校まで普通学校で過ごしました。学校では、障害者にたいする配慮といったものは何もなく、授業中は先生が何を言っているのか、まったくわかりませんでした。教科書と板書を見るだけの授業です。わたしのまわりには、先生のナマの話に引きこまれ、目を輝かせている聴こえる友だちの顔がありました。つねに、「自分も知りたい、考えあいたい」と思いつづけてきました。

　小学校時代の先生──やさしかった先生なのですが──の忘れられない言葉があります。

　「たったひとりの聴こえないきみのために、まわりの多くの聴こえる子どもの勉強を犠牲にするわけにはいかない」

　この言葉が大人になってからもずっとひっかかっていました。これは、日本社会の障害者にたいする基本的な見方であり、わたしをふくめ多くの障害者たちはあらゆる場で、いまもこの言葉をかけられつづけています。

このような自分自身の立場・体験が、「少数の、しんどい子どもこそを大事にする」というわたしの基本スタンスになっています。たとえば、ある集団のなかに理解が難しい子どもがいたとして、「大多数の子どもが理解できているのだから、ひとりくらいわからなくてもしかたがない」と考えるか。または、「たったひとりの子どもでもわからないのは問題だ。なんとかしたい」と考えるか。

　わたしは後者の立場に立ちます。しんどい子どもも理解できる授業はもっとすばらしい授業になるはずです。

　この「少数者にあわせてこそ」という基本スタンスが、わたしのPowerPoint教材づくりの思想となっています。「思想」というのは大げさかもしれませんが、これがなければ、PowerPointといってもただのデジタルツールです。思想があるのとないのとでは、そのスライドも大きく変わってきます。

　ですから、この本はPowerPointのノウハウを説明していますが、一般のパソコン本のようなテクニック指南ではありません。どのような思いでつくっていったら子どもたちが楽しい学びに引きこまれ、「わかったよ！」という反応を返してくれるのだろうか、ということを考えていくことを大切にしており、読者のみなさまとも問題を共有して考えていきたいという思いで執筆しています。そして、それをとおして、日本のICTの教育活用のかたちをともに考え、子どもたちも教師もワクワクするような新しい活用スタイルをつくりあげていけたらと思っています。

　また、ICTについても、「人と人とのつながりをつくっていくための活用のかたち」を、具体的実践をとおして提起しています。これは、いままでのICT教育活用本にはない異色のものかもしれません。

　なお、本書では聴覚支援学校の聴こえない小学生のさまざまな学びをとりあげていますが、聴覚支援学校では「言葉」の力がじゅうぶんではない子どもたちも多く、「わかる」授業がいっそう求められます。「わかる」授業は一般の学校やほかの障害支援学校でも大切なことですから、本書は学校の種類、障害や年齢の違いに関係なく活用していただけると思っています。

　わたし自身もまだまだ試行錯誤の連続です。ともに考えていける仲間を求めています。この本でいろいろな人たちとつながって、ともに取り組んでいければうれしく思います。いろいろな子どもたちがワクワク学べる学校にしていくことをめざして。

目次

はじめに…………2

PowerPoint 使うまえに共有したいこと…………7

そもそもどんなツール？／ビジネス（提示）から教育（創造）へ
教材も授業も、クリエイティブに／教材づくりのなかで授業力を高める
子ども自身が楽しんで使える教材に

コラム●よく聞かれるギモンに答えます
「ネットの画像、授業で使ってるけど、いいのかな……」…………16

PowerPoint ホントの使い方…………17

1 見せ方ひとつでこんなに変わる…………18
問いをひきだすスライドに／文字だけではもったいない
段階的に見せて、考える「間」をつくる
情報の出し方＆消し方で、考える手助けを

2 アニメーションを使いこなそう…………25
アニメーションの基本は、クリックするかしないか
消えるアニメーションを活用しよう／動くアニメーションを活用しよう
変わるアニメーションを活用しよう

3 子ども自身が使える教材に…………30
ハイパーリンクをマスターしよう／ハイパーリンクで学習ソフトに
ハイパーリンクで反復練習／スライドショーにしないで活用

4 もっとビジュアルで、開かれた教材へ…………35
動画を入れてビジュアルな教材に／PowerPoint をビデオにしよう
PowerPoint に Web を活用しよう／OneDrive で共有、さらにいいものに

5 こんな教材がつくれます　教科別スライド…………41
算数1　「5」のかたまりを〝変身〟で理解
算数2　くり上がり・くり下がりを動かせば
算数3　4コマまんがで考える文章問題
算数4　できた！　円周上を回転する10円玉
国語1　音読み・訓読みから漢字を推理
国語2　いろいろな日本語を楽しく学ぶ
国語3　炎と水のアニメーションで調理用語をイメージ

　　　　社会1　色玉クイズで都道府県名・地方名を覚える
　　　　社会2　動画と絵を組み合わせて、ごみ学習
　　　　社会3　ようすやしくみを大きくつかもう
　　　　理科1　オリジナル写真図鑑づくり
　　　　理科2　四季のあるすばらしさを感じよう
　　　　理科3　太陽の動きで夏と冬をくらべる
　　　　英語　　ここにもあるね、アルファベット
　　　　その他　遊び心で伝えるメッセージ

　　6　こんなことにも使ってみよう…………59
　　　　PowerPoint でポスターをつくる／PowerPoint で学級通信をつくる
　　　　PowerPoint で劇のシナリオをつくる／PowerPoint でムービーアルバムをつくる
　　　　Office Mix で動画教材にする

コラム●よく聞かれるギモンに答えます
　「PowerPoint で教材をつくるより、iPad アプリのほうがいいんじゃない？」…………64

教室を超えた学び

手話づくりプロジェクトから Microsoft 世界大会へ…………65

　　下水処理場発、手話づくりプロジェクト／できた手話を PowerPoint の教材に
　　うれしかった子どもたちの変化／「チーム桜」から「チームもぐら」へ
　　Microsoft 世界大会での発表／アメリカから Microsoft がやってきた！

コラム●よく聞かれるギモンに答えます
　「Facebook で発信を！　というけれど、どんな感じでやればいい？」…………80

ICT の活用で
教育の未来をひらく

新しい学びのかたちをめざして…………81

　　ふたつの学びの場から／技術の進化に追いつけない日本の ICT 教育
　　日本の学校の ICT 活用にたいする疑問／理念をもって ICT の活用を
　　OneNote を活用した海外の学びのかたち／日本の教育を変えるきっかけに

コラム● PowerPoint そのほかのお役立ち情報…………91

あとがき…………95

- この本は、2016年1月末時点での最新バージョンにもとづいています（PowerPoint2010/2013/2016対応）。これ以降にアップデートされたハードウェアおよびソフトウェアの内容とは異なる場合もあります。あらかじめご了承ください。また、解説内で紹介する操作画面は、Windows版PowerPoint 2016のものです。
- この本でとりあげるPowerPoint教材で▶WEB[○_○]と番号のついているものは、ダウンロードできます。くわしくは92ページをご覧ください。
- 「PowerPoint　ホントの使い方」(p17～)のコーナーについて

このスライドで使う効果

PowerPointには大きく分けて「開始」「強調」「終了」「軌跡」の4つのアニメーション効果があります。ここでは、どのアイテムにどのアニメーションをかけるのかを説明しています。

動かしてCheck！

とくにくふうしたポイントについての解説です。データをダウンロードして、じっさいにスライドショーで動かしてみてください。これがヒントになって、もっといいひらめきがあるかもしれません。

PowerPoint
使うまえに共有したいこと

ほんらいはビジネスシーンでのプレゼンツールであったPowerPointは、そのすぐれたビジュアル性や使いやすさがビジネスの世界を超えて広く伝わり、教育の場でも利用されるようになりました。多くの先生方がいろいろな場面で使っていると思います。

わたしも、そのPowerPointに魅了されたひとりです。はじめて見たとき、「ひょっとして、これを使えば、聴覚障害をもつ子どもたちのための、もっとワクワクした授業がつくれるんじゃないか」と気づきました。そして、それに取り組むなかで「こんなにすごくて、おもしろいツールなのに、なぜもっとクリエイティブに、アクティブに使われていないのだろう？」と思いはじめました。

この章では、ビジネスと教育現場での活用スタイルの違いをしっかり押さえたうえで、どのような理念、スタンスで、PowerPointを教育現場で使っていくべきか、どのように活用すればワクワクする授業や教材がつくっていけるのかを、読者のみなさんと考えあいたいと思います。

そもそもどんなツール？

　Microsoft PowerPoint——いわゆる「パワポ」——は、ビジネスの現場ではひじょうによく使われているプレゼンテーション・ツールです。プレゼンテーションというのはおもにビジネスの場で提案や考えなどを発表することですが、最近では、セミナーや講演会などでもPowerPointが使われているのをよく見かけます。わたしも2005年ごろから授業・講演・講習・会議などで使うようになりました。

　以前はかなり高価で、使うにはそれなりのしっかりした目的が必要だったのですが、最近はあらかじめPowerPointがインストールされているパソコンが増えました。わたしのまわりにも、PowerPointを使ってみたという人が増えてきています。

　しかし、ほんとうの活用がされていないと感じています。その理由は、「ビジネスの場でプレゼン的に使用するもの」という固定観念が多くの人にあるからでしょう。PowerPointにかぎりませんが、ひとつのスタイルが確立してしまうと、それとは違う使い方がなかなかしにくくなるものです。

　PowerPointは、けっして難しくありません。WordやExcelよりも使いやすいツールです。わたしも500円の解説本を読んで3日ほどで使えるようになり、「こんなツールがあったのか！」とびっくりしたものです。白いカンバスに自由に文字や絵を描いていく感覚というのでしょうか、やってみればわ

小学生のための手話教室にて。プロジェクターによってスクリーンに投影

かります。なぜ、これほどのすばらしいツールの用途がビジネスのプレゼンテーションというせまい場面に限定されていた（いる）のか、驚きます。

学校での授業やさまざまな行事の事前事後指導、講演や講座、発表会、……じつにいろいろな使用場面、使用スタイルの可能性があるのです。わたしはいつも、どのようにしたら伝わるだろうか、共感してもらえるだろうか、とワクワクしながら使っています。

さまざまな学校で多くの先生方がPowerPointを使っておられ、教育現場においても、PowerPointはメジャーなツールとなっています。

「みんなが知っている、みんなが使っている」というのは大事なことです。学ぶ気持ち、使いこなせるようになりたいという気持ち、使い方を広めていきたいという気持ちさえあれば、先生どうしで豊かな学びあいができるのではないでしょうか。

ビジネス（提示）から教育（創造）へ

単純に言いきれるものではありませんが、ビジネスと教育の場における使用の明確な違いを挙げてみます。

ビジネス・プレゼンの対象は、社内の人間やクライアントといった、あるていどの知識をもった成人です。ここでのPowerPointの利用は、いかに内容を上手に相手に伝えながら動かすかということになります。伝わる話をすることが大事なのですが、それが不十分である場合はPowerPointによる一方的な提示で終わってしまっていることもよく見受けられます。

教育の対象は、児童・生徒です。子どもたちの個々の力は同じではありません。理解に多くの時間や労力を必要とする場合もあります。そして、目的は理解すること、そして理解できた喜びをもとに、学ぶことは楽しいという気持ちをもつことです。教育におけるPowerPointは、なによりも第一に、「わかってほしい、わからせたい」という気持ちで活用する必要があります。

ここのところをきちんと押さえないで、ビジネスにおけるプレゼンと同じような使い方をしているケースを見ることがあります。これが一部で、「教育においてPowerPointはふさわしくない」といわれるゆえんです。教師がどのような考えをもっているかによって、PowerPointの使い方はまったく違ってきます。

PowerPointの使用例

算数学習

デジタルツールの使い方

障害者問題を考える

阪神淡路大震災をふりかえって

広島への修学旅行の報告

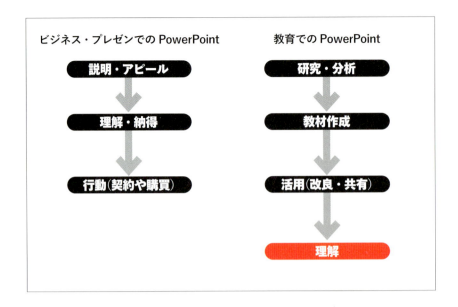

　教育現場でのPowerPointの利用は着実に広がってきていますが、その多くは「提示」的な使い方です。つまり、プロジェクターや大画面テレビに接続して大きく映しだし、一方的に見せていくだけ、という使い方です。これもひとつの使用スタイルではありますが、あまりにもこのスタイルが多すぎるのです。

　耳が聴こえにくい子どもが学ぶ聴覚支援学校の教師として、わたしは、つぎの3点をもとにPowerPointの活用を考えました。

　　1 聴こえにくい子どもたちは、手話だけですべてを理解するのは難しい。視覚的な情報をデジタルで、わかりやすく示したい。
　　2 PowerPointで子どもが理解できるデジタル教材をつくりたい。
　　3 主体的な学びができる教材をつくりたい。

　これが、いまでもわたしのPowerPoint活用の基本スタイルとなっています。使用にあたっては、自分の思想をしっかりともつべきだと思います。

　PowerPointのすごいところは、専門的なIT知識がなくても、かなりのレベルのオリジナル・デジタル教材がつくれるということなのですが、これに気づいていない先生方が多いと思います。せっかくPowerPointを使うなら、「提示」から「創造」へ、もう一歩進めてみませんか。

教材も授業も、クリエイティブに

教育現場では、PowerPointの「提示」的な利用が多いと前述しましたが、具体的には、つぎの3つの使用スタイルが見られます。

1 写真を大きく見せるだけのもの。社会や理科に多く見られるスライド提示です。
2 問題を出しているだけ。国語なら、教科書の文章をスキャンしただけのものが多いです。
3 問題と答えをつぎつぎに出していくもの。いわゆるフラッシュカード的な利用です。

このような利用も、そのときの授業の目的にあっているのであれば問題はないのですが、なぜか、PowerPointを使っている授業ではいつも、こうい

教育現場に多い3つの使用スタイル

❶ 写真を大きく見せるだけのもの

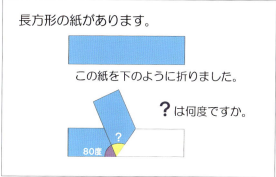

❷ 問題を出しているだけのもの

❸ 問題と答えをつぎつぎに出していくもの

うタイプのスライドが多いような気がするのです。もったいないですね。ただの提示に終わるのではなく、PowerPointをクリエイティブに使えば、もっと子どもたちの学ぶ気持ちを高める授業になります。

「PowerPointをクリエイティブに使う」とはどういうことかというと、たとえば、「文字や画像や数字がこんなふうに出て、ここで少し考えさせる間をおいてコミュニケーションもして、そして、視覚的になるほど！ とわかるような授業にしたいな」と授業者がイメージしたとします。こういうことは教師ならだれもがイメージすることです。これは、日々の教育活動の経験と積み重ねから湧きでてくるすばらしいものです。わたしは、このイメージをPowerPointで実現したいと思いました。

「そういうことは、べつにPowerPointでやらなくても、黒板や掲示物を使ってできるのではないか」。そう思われるかもしれませんが、PowerPointを使うと、子どもたちとのコミュニケーションが豊かになると気がつきました。苦労してスライドをつくったら、あとはクリックするだけです。そうすると、あとはどのような説明、言葉がけで授業を進めていけばいいのかと考えることに時間を使えるようになりました。

試行錯誤してつくったPowerPointが授業でイメージしたとおりに動いたときは、すごく感動しました。

こんな教材もつくれます ▶WEB[1_1]

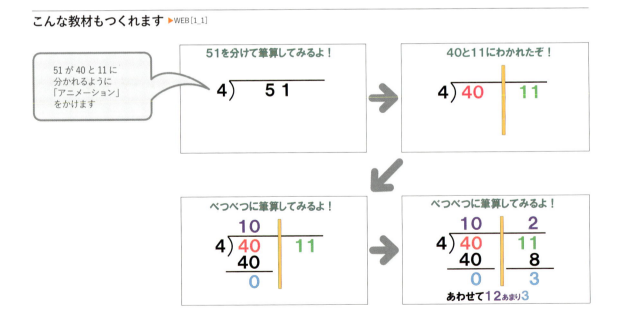

PowerPoint 使うまえに共有したいこと

ほんの少しの機能をマスターするだけで、教材も授業も、すごくクリエイティブになります。そして、その機能をマスターするのには、1日あればじゅうぶんです。

教材づくりのなかで授業力を高める

PowerPointにかぎらず、デジタル教材は単純な使いまわしをしないということが大切です。デジタルのいいところは劣化しないということですが、悪くすると使いまわしになりがちです。

でも、子どもの力や課題は違います。その子どもにあったものが必要になるため、PowerPointでつくった教材は、そのつど改良を重ねていかなければなりません。それが容易にできるのがまた、PowerPointです。下のスライドは、改良を重ねている算数の教材の例です。この作業のなかで、教師

改良を重ねて、さらにわかる教材に ▶WEB[1_2]

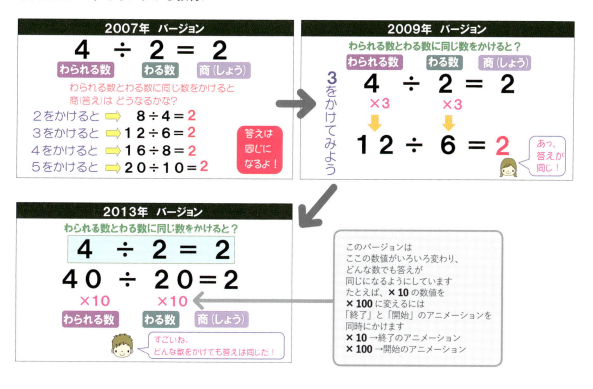

の授業力も高まっていくことになります。

　教育におけるICTの活用をめぐって、「デジタルかアナログか」という議論がときどきされますが、この二者択一にはあまり意味がありません。相互に補いあう関係にあると、わたしは考えています。

　ただ、ここでいうアナログとは、どのような形態をいうのでしょうか。黒板や掲示物の利用を指しているなら、それはどんどんデジタル化していくべきです。わたしが考えるアナログというのは「デジタルでは伝えられないこと」です。それは何かというと、実体験的・感覚的な理解です。

　下の写真を見てください。わたしが算数の「体積」の学習に取り組んだときにつくった、デジタル（左）とアナログ（右）ふたつの教材です。左のように、PowerPointを使って、1m³という体積が1m×1m×1m、1000ℓにあたると理解させることはできます。でも、子どもによっては、どのくらいの体積か、これではイメージできないことがあるのです。こういうときには、イメージを助けるために、じっさいにその体積をつくってみます。新聞紙を丸めて筒にして組み立てた、写真右の立体です。

　授業は、このアナログ教材をとおして、もっとワクワクしたものになりました。子どもたちは、「この立体、教室に何個入る？」「この立体の半分くらいが家のお風呂だ」と言いだしました。長く教師をやっていても、こういう授業はほんの数えるほどしかできないものです。アナログでこそ伝えられる感覚が導いた理解です。

　デジタルの活用で、アナログの必要性もわかってきます。どちらか一方を選択するのは意味のないことです。

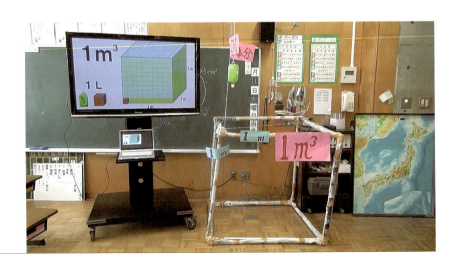

デジタルとアナログでつくった「体積」の教材

子ども自身が楽しんで使える教材に

　最後に、もう一歩進めて、PowerPointを子どもも使えるものにすると、楽しい教材になります。子どもが使えるということは、受け身にならない主体的な学びを子ども自身ができるということにつながります。

　「子どもが使える教材」は、むかしからつくられてきました。100円ショップで材料を買い集めて、シンプルでも子どもが楽しんで学ぶ教材づくりをされている先生方は多いと思います。

　デジタルでも、この「子どもが使える教材」づくりはじゅうぶん可能です。とくに、PowerPointには「ハイパーリンク」という機能があります（くわしくは30ページ参照）。この機能はテキストや図形にリンクを埋めこむものですが、WEBページへのアクセスはもちろん、任意のスライドにジャンプしたり、スライド間を行き来したりもできるようになります。かんたんなホームページがつくれるという感じです。わたしは、この機能をおもに講演で使っていたのですが、「あっ、もしかしてこれは教材にも使えるのでは！」とひらめきました。PowerPointには、〝ひらめく機能〟がたくさん隠されています。

　教育におけるICTの活用は今後、さらに広がっていくことが予想されます。国や地方自治体レベルでもいろいろな提唱がされていますが、その多くは表面的といいますか、「活用」の中身が見えてこないのです。機器の使用そのものが目的となってしまっている感もあります。

　大事なのは、どういう目的でどういうスタンスで使うかをはっきりさせておくことだと思います。

　わたしの場合は、長年、聴こえにくい子どもの教育、そして生活の向上と権利の拡大をめざす運動にかかわってきました。そのなかで、「子どもたちの力を高めていく」ためにはどのような学びが必要なのかを考えつづけてきました。そのなかから、自分のデジタル活用について、「つくる」「学ぶ」「つながる」を基本的なスタンスとしています。

　これを実践していくのに最適なデジタルツールが、PowerPointではないでしょうか。

よく聞かれるギモンに答えます

ネットの画像、授業で使ってるけど、いいのかな……

基本的にはOKですが、使用のしかたによっては著作権法にひっかかります

　イラストや写真を使ってスライドをもっとわかりやすくしたいってこと、あたりまえにありますよね。わたしもビジュアルなものになるように心がけています。

　最近は、インターネット、とくにGoogleの画像を利用する先生が多いです。ここで、やっぱり気になるのは著作権ですね。

　まずGoogle画像についていうと、「画像は著作権で保護されている場合があります」という注意書きがついています。ほとんどの画像は著作権で利用が制限されていると思ってください。著作権に違反した場合、Googleは守ってくれません。かんたんにいえば、「使用は自己責任で」ということです。

　では、授業では使えないのかというと、そうではなく、著作権法では認められています。該当する条文をそのまま紹介します。

> 著作権法（その他の教育機関における複製等）
> 第三五条①　学校その他の教育機関（営利を目的として設置されているものを除く。）において教育を担任する者及び授業を受ける者は、その授業の過程における使用に供することを目的とする場合には、必要と認められる限度において、公表された著作物を複製することができる。ただし、当該著作物の種類及び用途並びにその複製の部数及び態様に照らし著作権者の利益を不当に害することとなる場合は、この限りでない。

　気になるのは、「ただし」以下の部分。ICTの活用にかかわることでいうと、たとえばネットの画像を無断で入れてつくったスライドを複数人で共有したり、ホームページやブログ、またはSNS（ソーシャル・ネットワーキング・サービス）にアップロードしたりするのはダメです。個人としてだけでなく、学校の校内LANに入れたりホームページで紹介することもアウトです。どうしても必要なら、出所を明示したり、権利者の許諾を得たりする必要があります。

　凝ったものは難しいですが、かんたんなイラストならPowerPointでつくってしまう方法もあります。ネット上のものよりもっといいものがつくれますし、なにより楽しいです。

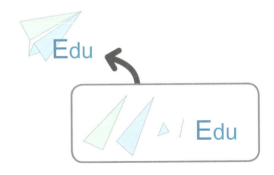

「ぼちぼちEdu」（→67ページ）のロゴはPowerPointでつくったオリジナルです

PowerPoint
ホントの使い方

PowerPointがすぐれている面はいろいろありますが、そのひとつに、使いこなしが容易であるということが挙げられます。Wordを使える方は多いと思います。それなら、PowerPointはもっとかんたんです。

Wordは読んでもらうためのツールです。対してPowerPointは、「伝える」「わかってもらう」、そしてそのために「出し方をくふうする」ツールです。ですから、PowerPointならではの機能がたくさんあります。

しかし、これらの機能が、教育現場ではあまり活用されていません。「教育利用の場面で派手な視覚効果は必要ない」という意見もありますが、PowerPointの機能をうまく使うことにより、子どもたちの学習効果はいっそう上がると、わたしはいままでの取り組みから確信しています。

ここでは、初心者でもわかりやすい基本機能をいくつかとりあげ、どんな場面でその機能が使えるのかを説明します。

1 見せ方ひとつで
こんなに変わる

PowerPointの使い方でいちばん多い例が、
紙に書いたものをそのままデジタルデータに置き換えただけというようなもの。
作成にかかる労力と時間は短縮できますが、
もっとデジタルならではという使い方をしたいですね。

問いをひきだすスライドに

文字ばかりのスライド

> 「夏至」ってどんな日？
>
> みなさんは、「夏至」という言葉を聞いたことがありますか？
> どういう意味か知っていますか？
> 最近は「夏至」の意味を正しく理解していない人が増えてきました。ある人は「夏が来た日」と言います。なるほど、「夏に至る」ですね。どうでしょうか。
> また、別の人は「梅雨の時期だから、梅雨の真ん中の日」と言っています。
> たしかに、梅雨の最中ですが、真ん中の日というのもおかしいですね。
> 理科の勉強と関係があるんです。太陽の動き方に関係があります。たとえば、午後6時で考えてみましょう。冬の夜6時はもう真っ暗ですね。夏の夜6時はどうでしょう？　まだまだ明るいですね。これは太陽の動き方に関係があります。
> 夏至の日、太陽の動き方はどうでしょう？　太陽が出ている間の時間を「昼の時間」といいますが、この日の「昼の時間」はどうでしょう？
> 「夏至」というのは、太陽に関係がありそうですね。
> 今日の授業では、それについて考えてみましょう。

子どもの作文

PowerPointの初心者だけでなく、慣れている人にもよく見られるのが、文字ばかりのスライドです。

たとえば左上のスライドは、小さな文字がびっしり。文章を提示するのに時間がかからないのはメリットですが、これをいきなり見せられたら、すごく疲れます。ただし、左下のような子どもの作文は、全体をとおして読むこと自体が大切ですから、ぜんぶを出しても問題ありません。どのように提示したら子どもたちが考える気持ちになるかを意識して、スライドをつくっていきましょう。

子どもたちの問いをひきだせるようにと意識してつくったのが、右ページ上のスライドです。左上のスライドと同じく「夏至」をテーマにしたものですが、こちらはイラストとセリフをひとつずつクリックして出していき、子どもたちに「この子は何が言いたいのかな？」と問いかけながら進めていきます。

文章の改行も気をつけたいところです。長い文章はしかたがないですが、大事な文章ではへんな改行にならないように。助詞が文頭にくるのはよくないですね。

PowerPoint ホントの使い方

問いをひきだすことを意識したスライド ▶WEB[2_1]

文章の改行に気をつける

 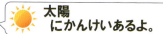　　　

文字だけではもったいない

1日に使う水の量がいかに多いかを実感させたいと思って、スライドをつくってみました。

まずは、あえてやってしまいがちな例から。右のスライドは、文字も大きく、イラストも入っていますが、文字情報だけでは水の使用量の多さが実感できない子どももいるでしょう。

こんどは、子どもが驚く顔を思い浮かべながら、ひと目でわかるスライドを考え

文字だけで理解させるスライド

牛乳パック250本を並べる方法

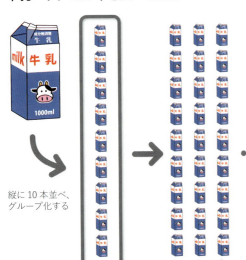

縦に10本並べ、グループ化する

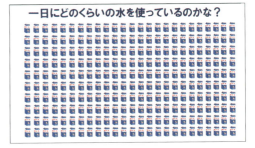

このグループをコピーして横に並べていき、いくつかをまとめてグループ化、さらにそれをコピーしていくと……。

てみます。牛乳パック250本、これを視覚的に表現してみましょう。上のように、イラストをグループ化してコピーすれば、牛乳パック250本を並べるのはかんたんです。

これを10、20、30……とクリックしながら数えていくか、それともいっきょにぜんぶ出すか、またはその両方するかで、いろいろな授業になりますね。250本の量がイメージできたところで文字を出して、完成です。

20年以上もまえ、デジタルがまだ広がっていなかったころは、模造紙に絵の具やマジックを使ってせっせと教材づくりをしたものです。それが、PowerPointだと要する時間が5分の1以下です。そのぶん、どのようなスライドをつくれば子どもがわかる授業になるか、ということに時間をかけることができるわけですね。

また、使ったことがある人ならわかると思いますが、WordやExcelとくらべると、PowerPointはまるで白いカンバスに字や絵を描いていくような感じです。使い方もすぐに覚えられ、ストレスも少ないです。「つくる」ということに集中できるという点では、まちがいなく名ツールといっていいでしょう。

視覚的に実感させるスライド ▶WEB[2_2]

段階的に見せて、考える「間」をつくる

右は、災害が人びとの生活に与える影響を考えさせるためのスライドです。

いろいろなことがぎっしり入っていてにぎやかですが、このようなスライドだと思考が分散してしまってよくないです。つめこみすぎると、何も残らないことがあります。まとめとして使うときはいいのですが……。

スライドをいくつかに分ける方向で考えてみましょう。

下は4つのスライドに分けただけですが、ひとつひとつのテーマをじっくり考えさせたいときは、この見せ方です。❶から順番に見せていきます。スライドをいくつかに分けるのは、授業に適当な「間」をもたせるために有効だと思います。

また、それぞれのスライドについても、

1枚のなかにいろいろなことが入っているスライド

内容を全出しにしないで、必要におうじてクリックしながら大事なポイントを出していったら、もっといい流れになると思います。

授業で、ビジネスのプレゼンテーションのようなリハーサルをする必要はありませんが、たとえば、45分の授業でいくつ

テーマごとに4つに分けたスライド ▶WEB[2_3]

❶

❷

❸

❹

のスライドをどのように時間配分するかということは、きちんと考えておく必要がありますね。でないと、「あれ〜、スライド、もう終わっちゃった〜」「入れすぎた〜」ってことになりかねません。

情報の出し方 & 消し方で、考える手助けを

大阪府のシンボルマークについてのスライドの例

❶

❷

❸

自分たちが暮らす大阪府のシンボルマークについて子どもたちと考えたいと、スライドをつくってみました（左の❶）。このあとに、どんなスライドを続けるでしょうか。

❷は、18ページの「夏至」のスライドにもあった、文字だけのスタイルです。じっさいにはほとんどないと思いますが、ステップアップしたい例として出してみました。これでは、PowerPointを使っている意味がありません。

続いては、❸。つい、つくってしまいがちな例です。こちらは、すべての情報をひとつのスライドに入れただけ。画像もたくさんあって、一見ビジュアルに見えますが、子どもとともに考えるスライドではありません。このようなスライドによくあるのが、文字を下から出したり、画像を回転させながら出すなど、意味のない不必要なアニメーションをかけてごまかしてしまうことです。

では、どうすれば？　まずは、右ページのように展開させます。スライドに出したものをそのまま出しつづける必要はありません。ごちゃごちゃした配置はかえって子どもの思考を妨げてしまいます。ここでは、「大阪城といえば？」と子どもたちに問いかけ、いろいろな答えを聞いてから、大阪城が消えて豊臣秀吉に変わります。

PowerPoint ホントの使い方

大阪城がだんだん消えていき、豊臣秀吉になるアニメーション ▶WEB[2_4]

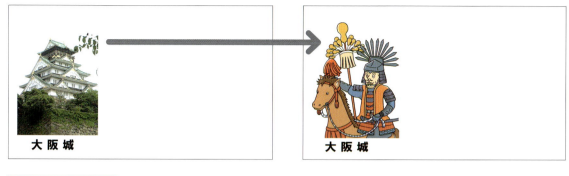

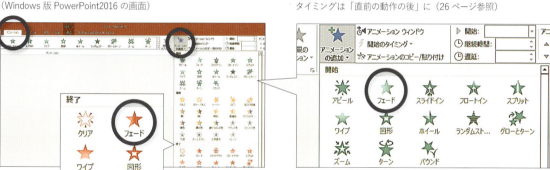

このあとも、同じように子どもたちとコミュニケーションしながら、馬印、千成びょうたんと、順番に出していきさます（次ページ）。最後は、大阪城と同じように、ひょうたんが消え、大阪府章に変わります。子どもたちから「なるほど！」という声がわきおこりました。

ある情報を出す、消す。このタイミングをくふうすることで、子どもが考える気をだすスライドになります。

アニメーションというと、「開始」のメニューが真っ先に表示されるので、ついついそればかり使いがちです。でも、意外と大事なのが「終了」のアニメーション。「終了」というネーミングがよくないんでしょうか。「消す」といったほうがわかりやすいですね。いらなくなったものは消してしまう——とても大事なことです。

コミュニケーションしながらスライドを展開する ▶WEB[2_5]

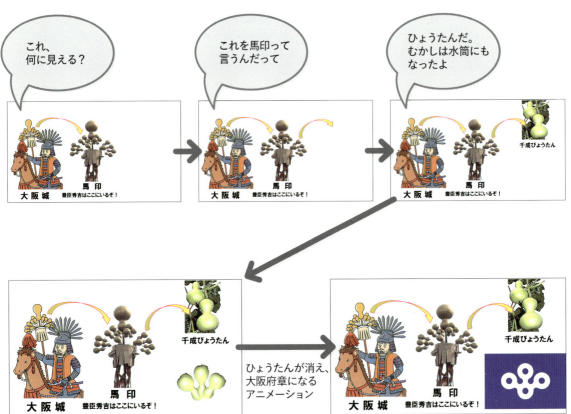

2 アニメーションを使いこなそう

アニメーション効果こそ、PowerPoint の看板機能。
アニメーションは「動画」という意味なので誤解されているようですが、
文字や画像を好きなときに好きなかたちで出す機能です。
これが、子どもたちの学びにすごい効果を発揮します。

アニメーションの基本は、クリックするかしないか

PowerPoint は、クリックしながら進めていきます。このとき、情報をひとつずつ出すのといくつかまとめて出すのとでは、目的や効果がぜんぜん違ってきます。子どもたちとのコミュニケーションも変わってきます。
具体的な例で見ていきましょう。
浄水場の広さを、子どもたちがよく知っている大阪の京セラドームとくらべながら伝えようとスライドをつくりました。
スライドを見せるまえ、両者の広さは同じくらいと予想した子どももいました。「○○は、□□のいくつぶん」といったわかりやすい表現はあたりまえにありますが、PowerPoint を使ってビジュアルに示すことにより、その驚きはもっと大きなものになります。
このスライドでは、浄水場の見取り図に、上から見た京セラドームの写真を置いていきます。ぜんぶで 13 個のドームがおさまるのですが、1 クリックあたりの情報量を 2 タイプ、考えてみました。
ひとつめのスライドは、1 クリックするごとに 1 個ずつドームが出てきます。何個ぶんかを押さえたいときは、このタイプ

1 個ずつドームを出す ▶WEB[2_6]

開始のアニメーションのタイミングを「クリック時」に設定する

このスライドで使う効果
アニメーションの設定 ▶ タイミング ▶ クリック時

13 個のドームを一度に出す ▶WEB[2_7]

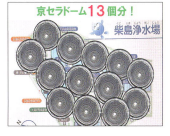

開始のアニメーションのタイミングを「直前の動作と同時」に設定する
※最初のドーム以下の 12 個のドームを、まとめて「直前の動作と同時」に

このスライドで使う効果
アニメーションの設定 ▶ タイミング ▶ 直前の動作と同時

開始のタイミングは3種類 ▶WEB[2_8]

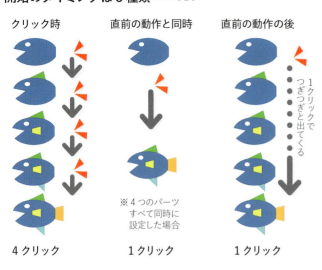

です。クリックしながら、いっしょに数えていくといいですね。

ふたつめのスライドは、いっきに13個ぜんぶが出ます。いかに広いかを強調させたいときは、このタイプがいいと思います。「直前の動作と同時」とは、1クリックで同時に出す、という意味です。

クリック数13とクリック数1、この差は大きいです。ここで挙げた例のように1個ずつ数えたりするときには便利ですが、クリック数が多すぎると、イライラしたり、集中力がとぎれたりします。1クリックあたりどれだけ出すかは、よく意識してください。

消えるアニメーションを活用しよう

アニメーションというと、とかく出すことだけに使いがちですが、「終了」のアニメーションはぜひ、使ってください。出したものを消していくときに使います。この効果を生かした、ひき算の教材をつくってみました。

このスライドでは、クリックごとに、左の10個のかたまりからリンゴを1個ずつ消していきます。アナログ教材なら、黒板に貼ったリンゴの絵をひとつずつとっていく動きですね。9回クリックすると、1個が残り、これを右の2個とたして3個、つまり、12－9＝3と理解できる流れになっています。

「12をどうする？」「10と2にわけてみたら？」などの吹き出しは、順番に出てきます。これはわたしのオリジナルのつくりで、子どもたちとの考えあいを大事

リンゴが消えていくひき算 ▶WEB[2_9]

PowerPoint ホントの使い方

にしたものです。こうした言葉がけを流れのなかにうまく入れこんでいくと、楽しいスライドになります。

ひき算がとてもイヤだった子どもがいました。これはその子に、PowerPointで楽しくコミュニケーションしながら学び、ひき算を好きにならせてやりたいという気持ちをこめてつくったスライドです。子ども自身もクリックしながら、楽しく学びました。

「これこそPowerPoint!」というべき機能がアニメーションですね。つい、かけすぎていませんか？ いろいろな効果が用意されていますが、「フェード」「アピール」くらいでじゅうぶん。使いすぎはよくないです。企業の商品・製品などのプレゼンと学校の授業は違います。授業では、派手な動きは必要ありません。子どもの関心が授業内容よりもアニメーションにいってしまっては逆効果になります。アニメーションはシンプルに、効果的に使うことを心がけましょう。

動くアニメーションを活用しよう

「動く」というのは、とても大切なことです。「見たらわかる」動きをかけることができるのもPowerPointならでは。アニメーションは移動させることもでき、好きなところに動かせます。

指導用の算数の教具に大型の分度器がありますね。あれがどうにも使いにくくて、説明しながらスマートに出せないものかと思ってつくったのが、このスライドです。

分度器が60°の角に向かってスーッと動いてピッタリ重なり、みごとに角度が測れます。上下に、左右に、ななめに動かして、くふうしてみましょう。動きのスピードも変えることができます。また、60°を示している直線は、編集画面でドラッグするだけで好きな角度に変えることができます。

同じく動くアニメーションの応用例をふたつ、紹介します（次ページ）。

ひとつめは小数点が移動するアニメーションですが、ふたつの小数点が同時に動きます。難しく見えますが、かんたん。

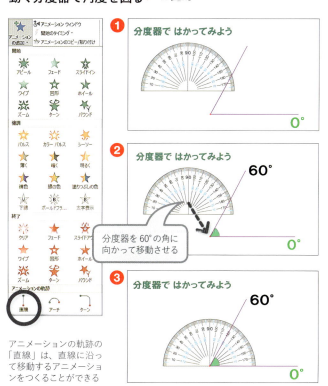

動く分度器で角度を図る ▶WEB[2_10]

アニメーションの軌跡の「直線」は、直線に沿って移動するアニメーションをつくることができる

このスライドで使う効果
アニメーション ▶ アニメーションの軌跡 ▶ 直線

27

ふたつの小数点が同時に移動 ▶WEB[2_11]

一の位の数字が下に移動 ▶WEB[2_12]

同じだけ右に動かすだけです。動かした小数点は、消えるアニメーションをかけ、つぎのクリックで消してしまいましょう。
ふたつめは、数字が下に降りてくるスライドです。この動きを見せるためには、十の位と一の位を独立させておく必要があります。つまり、ひとまとまりの「51」ではなく、十の位の「5」と一の位の「1」を別々につくり、それをあわせて「51」に見せかけます。

PowerPointは、ひとつのスライドをきっちりつくりこんで、それを「スライドの複製」でコピーすれば、アニメーション効果もそのままそっくりコピーされます。あとは、こうした計算練習だと数値を変えればいいだけです。算数の問題練習などに役立ち、慣れれば5分間で10問くらいかんたんに作成できます。

変わるアニメーションを活用しよう

テキストを画像に変えたり、画像をテキストに変えたりするのもかんたんです。こんども算数の教材を例に考えてみましょう。

算数は、たんに計算ができるだけではなくて、ほんとうの意味を理解することが大事ですね。機械的に計算しているだけの子どももたくさんいます。

これは、11÷3の筆算で、答えに至るまでのそれぞれの数字の意味を理解させようとつくったスライドです。「わる数」「わられる数」「商」、どれに対応をしているのかを理解させるために、変化のアニメーションをかけました。たとえば2枚めのスライドでは、筆算の数字の11と3が11個のリンゴと3人の子どもに変わります。数字は終了のアニメーション、リンゴと子どもは開始のアニメーション。これを同時にかけることによって、数字がイラストに変化したように見えます。

クリックしながら進めていくと、残った数字もすべてリンゴになるという流れです。

ここまでで紹介したPowerPointのアニメーション機能は、ごく一部にすぎません。「出す」「消える」「動かす」「変える」を複合させて、くふうしてみてくたさい。「こういう動きをつくってわからせたいのだが……」という先生方のイメージはほとんど、アニメーションで実現できます。イメージしたとおりに動いたらうれしいですよ。

数字がイラストに変化 ▶WEB[2_13]

この変化で使った効果

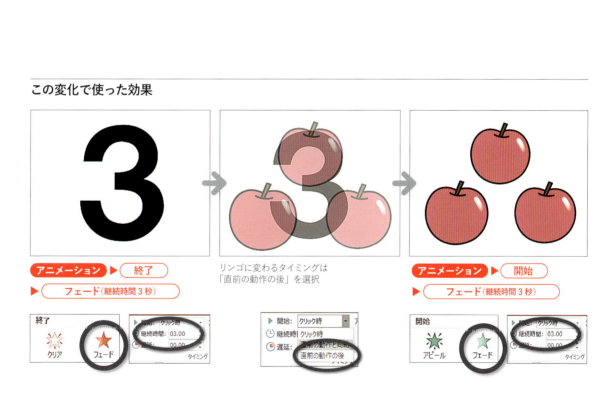

3 子ども自身が使える教材に

インターネットでリンクをクリックしたら見たい記事にすぐつながりますね。
同じ機能がPowerPointにあります。PowerPointの場合、なんとスライド間を自由に行き来できます。
この機能を使えば、子ども自身が使う教材もつくれます。

ハイパーリンクをマスターしよう

PowerPointのハイパーリンクは、ある部分をクリックすると、指定したスライドに飛ばせる機能です。この機能をうまく使うことで、幼児や小学校低学年の子どもたちが楽しく練習できるオリジナル教材がつくれます。

これは、幼稚園の子ども向けに信号を守る意識を育てようと思ってつくったもので、子ども自身が操作します。たとえば歩行者用信号の上の「止まる」をクリックすると、そこが赤く点灯し、同時に車用信号が青になります。その逆も同様です。ハイパーリンクは「結びつける」ということで、歩行者用信号の赤と車用信号の

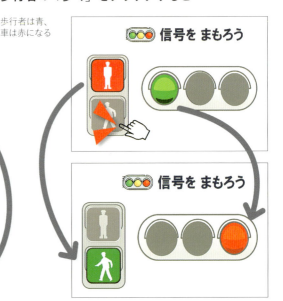

歩行者の「止まる」をクリックすると　▶WEB[2_14]
歩行者は赤、車は青になる

歩行者の「歩く」をクリックすると　▶WEB[2_14]
歩行者は青、車は赤になる

PowerPoint ホントの使い方

青、歩行者用信号の青と車用信号の赤をリンクさせているわけです。消えている部分を押すことにより一方が点灯するしかけで、いちばんシンプルなものですが、これ以外にもいろんなパターンのものがつくれると思います。

このスライドは、一見するとアニメーション効果をうまくかけたように見えます。しかし、アニメーションはあくまで修飾効果であり、ハイパーリンクは「結びつける」ものです。

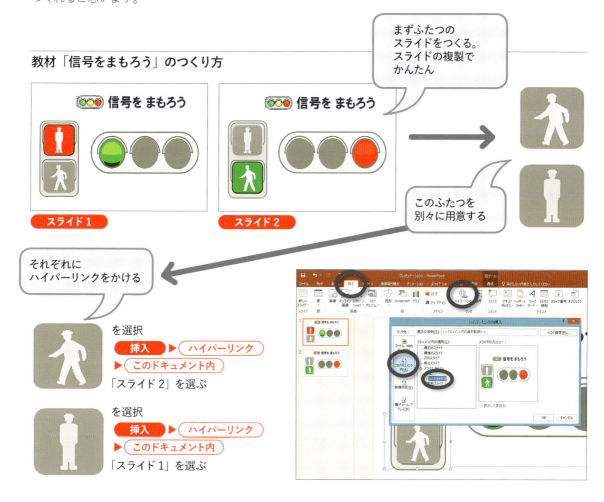

ハイパーリンクで学習ソフトに

ずっと練習ができるスライドになる（スライドショーが終了しない）のも、ハイパーリンク機能のすごいところです。好きなところへ、何度でも……。

次ページのスライドは、大阪市の下水処理場で働く方々と長いあいだコラボして作成したものです。下水道用語とその意味について、職員の方々が手話でお話し

してくれます。お話はすべて動画で、メニューを作成し、見たい内容のボタンを押せば、ハイパーリンクによって見たい動画にすぐにつながるようにしています。聴こえない子どもたちがクリックしまくり、楽しく下水道の手話を学びました。「この人のお話、おもしろい」「ほんとかよ〜！」と、授業がすごく盛り上がりました。宝物のようなこのスライドの誕生については、次章でくわしく紹介します。
なお、このような学習ソフト的なものはスライドショー形式（ppsx 形式）で保存するといいでしょう。この形式で保存すると編集画面が表示されないので、集中して学習することができます。
PowerPoint には多くの保存形式がありますが、このスライドショー形式、通常の pptx 形式、ビデオ保存の wmv または mp4 形式、画像保存の Jpeg または png 形式、そして PDF 形式。これだけは使い分けてください。

好きな動画に飛べるスライド ▶WEB[2_15]

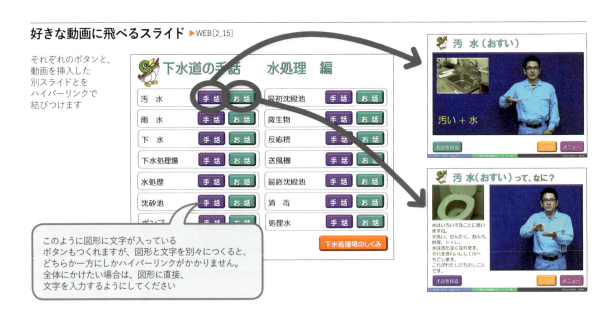

それぞれのボタンと、動画を挿入した別スライドとをハイパーリンクで結びつけます

このように図形に文字が入っているボタンもつくれますが、図形と文字を別々につくると、どちらか一方にしかハイパーリンクがかかりません。全体にかけたい場合は、図形に直接、文字を入力するようにしてください

ハイパーリンクで反復練習

算数のかけ算などは、くりかえして練習することが大切ですね。ハイパーリンク機能を活用して、何度も反復練習ができる教材を考えてみましょう。
このスライドは、周辺の6つのアイコンをクリックすると中央の囲みに答えが表示されます。じっさいには6つのスライドをハイパーリンクで結んでいるのですが、スライドのレイアウトがまったく同じなので、あたかもひとつのスライドで答えだけがつぎつぎ表示されるように錯覚します。これだと、問題練習だけに集中することができます。
このしかけは、いろいろなことに応用できますね。ここまでかんたんにつくれるのが PowerPoint のすごいところです。

PowerPoint ホントの使い方

答えだけがつぎつぎ変わる計算問題 ▶WEB[2_16]

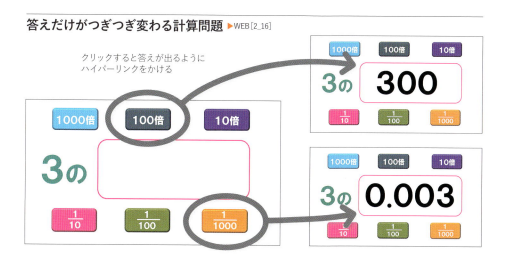

この教材をつくるときのコツ

まず、スライドの複製で、6つのスライドをつくる

⬇

スライド1〜6の 1000倍 がぜんぶスライド3に飛ぶようにハイパーリンクをかける

⬇

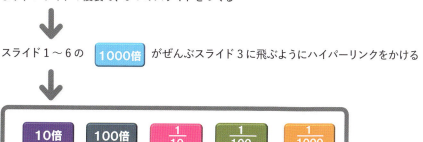

これらもすべて同じようにリンクさせる

スライドショーにしないで活用

PowerPointでできないこともあります。スライドショー画面で自由にアイテムをドラッグして動かすことは、いまのバージョンではできません。これができるようになれば最高なのですが……。ここでは、ウラワザ的なやり方を紹介します。

教材例を3つ出してみます。じつは、これらはどれも、スライドショー画面ではなく、編集画面です。編集画面上部のツールメニューを非表示にして、スライドショー画面のように見せかけています。編集画面なら、アイテムを自由に動かせるわけです。動いてほしくない枠などは「スライドマスター」に設定して固定させておきます。子どもが自分でアイコンを動かせるので、パズルにしたり、幼児のマッチング学習などにも使えます。

ここでとりあげた方法は、PowerPointのマニュアル本には載っていません。わたしだけの自己流のやり方です。いろいろくふうしていると、「あ、こんな方法が！」と気づいたりします。PowerPointは、自分の使用スタイルがつくれるのです。これも、PowerPointの楽しいところです。でも、スライドショーで自由に動かせる機能は、ぜひとも実現してほしいですね。

漢字パズル ▶WEB[2_17]

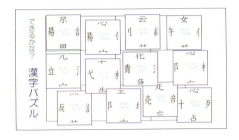

くだものマッチング ▶WEB[2_18]

英単語づくり ▶WEB[2_19]

ツールメニューを非表示にする

編集画面右上のリボンの非表示

PowerPoint ホントの使い方

4 もっとビジュアルで、開かれた教材へ

PowerPoint は、進化しつづけるデジタルツール。数年前はかなりスキルを要したのに、いまではそうでもなくなったものがたくさんあります。
動画の挿入、Web サイトとのリンク、クラウドでの共有などです。
ぜひトライしてみてください。

動画を入れてビジュアルな教材に

いまは、スマホなどでも手軽に動画を撮れますね。PowerPoint に動画ファイルを入れるのも、ほんとうにかんたんになりました。これを活用しない手はありません。動画を PowerPoint と組み合わせることで、もっともっとビジュアルで、ワクワクした学びになります。
この教材は、神戸の漁港見学のときに撮影したちりめん加工工場の動画を PowerPoint に入れて、ふりかえり学習に

PowerPoint に動画を挿入すると ▶WEB[2_20]

クリックして再生すると、ちりめんづくりの流れが動画でわかります

動画を挿入するための機能
挿入 ▶ ビデオ ▶ このコンピューター上のビデオ

35

スライドから全画面再生の動画に ▶WEB[2_21]

使ったものです。動画は、子どもたちもいろいろなことを感じることができます。「忙しそうだなあ」「重そうだなあ」「ドロドロに見えるなあ」などと感想を言いあい、コミュニケーションがいっぱいの授業になりました。

上のスライドは、外国語の授業で、アメリカ、ドイツ、フランスの友人のメッセージを子どもたちに伝えたものです。

動画の再生は、全画面モードに設定することもできます。そのほうが動画だけを集中して見せたいときに効果的です。気をつけなければならないのは、挿入する動画の密度です。この教材に入れた動画は、編集して1分以内のものにしています。子どもの集中力を考えて、長くても3分以内に。このくらいの長さだとデータ容量もたいして大きくなりません。動画の質にこだわってください。

動画はハードルが高い——まだ多くの人がそう感じているようです。写真にくらべると、ファイル形式が多かったり、コーデックの違いで再生できなかったり、写真よりは難しいともいえますが、やはりやってみることが大事です。なお、PowerPointでビデオのかんたんなトリミング（不要な部分の削除）ができます。

PowerPointをビデオにしよう

かなりPowerPointに慣れた人でもあまりやっていないのが、PowerPointのスライドそのものをビデオにするということです。「え？　そんなことして何の意味が？」と言われることが多いのですが、使い道はいろいろあります。

さまざまなファイル形式にできるというのがPowerPointのすごいところ。スライドショーを再生するときの動きやタイミングそのものが動画として記録されま

PowerPoint ホントの使い方

す。もちろん、アニメーションの動きも動画になります。

社会の授業で、聴覚障害者がいきいきと暮らせる街について子どもたちと考えあい、子どもたちは自分の思いを絵に描きました。それを下のようなPowerPointにして、スライドショーを再生、ビデオ形式で保存し、ムービーにしました。

必要な設定はビデオの画像品質の指定と、タイミング・ナレーションの使用の有無の選択です。画像品質は高品質な「プレゼンテーション品質」をおすすめします。一般的なプレゼンテーションなら気にす

るほどのファイル容量にはなりません。Webで共有したり、YouTubeにアップロードしたりするのに適しています。初心者の方にやや難しいのはタイミングをきちんとあわせることですが、タイミングを記録してからビデオを作成されることをおすすめします。タイミングの記録は、スライドショーメニューの「リハーサル」でできます。ここでやった時間どおりにビデオに記録されます。

この方法で、紙芝居のムービーなんかもつくってみたら楽しいですね。

動画ファイルにすると、PowerPoint形式

PowerPoint がビデオに ▶ WEB[2_22]

ビデオ化するための機能

エクスポート ▶ **ビデオの作成**

[ファイル]タブのエクスポートから「ビデオの作成」をクリックすると、スライドショーがビデオになります

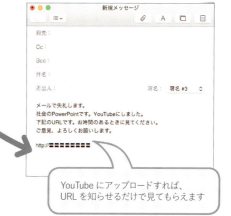

YouTubeにアップロードすれば、URLを知らせるだけで見てもらえます

では見ることのできない人も、見ることができます。YouTube や Facebook などにアップロードして多くの人たちに見てもらうという使い方もできますね。外国では、PowerPoint 動画を YouTube にアップロードするという方法は、そんなにめずらしくないようです。わたしも Facebook で外国の先生方に、自分の PowerPoint 教材を見ていただいています。とくにおすすめなのが、YouTube へのアップロード。これだと、メールするときもビデオの容量を気にすることはありません。YouTube の URL を伝えるだけです。YouTube は動画共有サービスですが、Google の動画クラウドサービスという感覚で使えます。ただ、原則として公開、不特定多数の多くの人たちが見るものなので、個人情報は入れません。このあたりは慎重にしたいところです。

PowerPoint に Web を活用しよう

YouTube の動画には学習に活用できるものがたくさんあります。これを PowerPoint に挿入してみましょう。

方法はかんたんです。「挿入」から「オンラインビデオ」に進み、YouTube のバーに挿入したい動画の URL を貼りつけるだけです。

動画はとかくデータ容量が重くなりがちで、また動画のファイル形式があわないとうまく再生できないこともあるのですが、オンライン環境にあれば YouTube の動画はまず問題なく再生できます。データ容量を気にしなくてもすみますね。

わたしも YouTube を活用しています。自分でビデオ編集して YouTube にアップロードした動画を PowerPoint に貼りつけるというような使い方もしています。オンライン環境がどんどん整備されていますから、この使い方は自然なスタイルになっていくのではないでしょうか。

右ページ上のスライドの動画は、文化祭の作品発表で子どもたちといっしょにつくった「大阪環状線、大阪の街を快走！」の電車の走行シーンを撮影し、編集したうえで YouTube にアップロードしたものです。ただ、YouTube には問題があるシーンや広告が入っていたり、著作権に違反しているものもたくさんあります。あたりまえのことですが、挿入するまえにその動画の内容をしっかりとチェックしておくという作業は欠かせません。

ところで、PowerPoint のスライドショーをやっているときに、別のことをする必要を感じたことはありませんか？　たとえば、ピクチャフォルダの写真を見てみたい、ネット検索してみたいとか。そういうときに、いったんスライドショーを停止して編集画面にもどし、タスクバーを表示させるというのは非効率です。「Ctrl ＋ T」でスライドショー画面にタスクバーを表示させることができます。とても便利なのでぜひ使ってみてください。

PowerPoint ホントの使い方

PowerPoint に YouTube を挿入すると ▶WEB[2_23]

スライドショーから Web サイトへの切り替え

OneDriveで共有、さらにいいものに

OneDriveへのアップロードから共有までの流れ

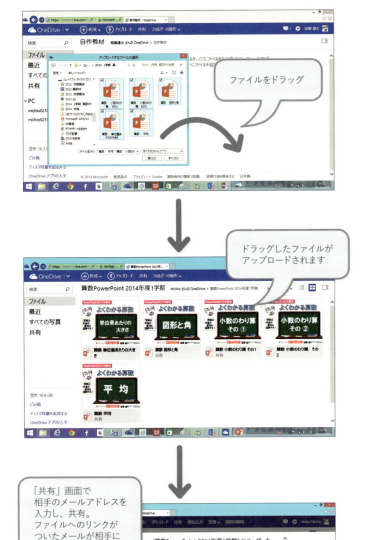

つくったPowerPointデータをどこに保存していますか？　たいていはUSBメモリに保存していると思いますが、紛失や故障のリスクが高いです。マイクロソフトの無料クラウドサービスのOneDriveを活用しましょう。どんなデバイスからもアクセスでき、マイクロソフトのクラウドなので、Officeツールとの相性は抜群です。共有機能を使い、編集しあっていけば、よりよい教材がつくれると思います。

また、データのURLリンクがかんたんに作成できるので、それを必要な人に知らせてあげるという使い方もできます。

YouTubeのときと同様、アップロード・共有する教材は、子どもやその他の個人情報が入っていないものにしましょう。たとえば、子どもの名前、写真などが入っている教材はその部分だけつくりかえるようにするといいです。

PowerPoint ホントの使い方

5 こんな教材がつくれます
教科別スライド

教科別に PowerPoint でつくった教材を紹介します。
どれも、これまでに述べたこと、機能をもとにしています。
なお、この教材例はデジタルデータとして提供しています（92 ページ参照）。

算数1 「5」のかたまりを〝変身〟で理解

5 のかたまりを楽しく学ぶ ▶WEB[2_24]

「5」のかたまりの意識化は、小学算数において落としてはならないものですね。その意識化が難しくて、ひとつずつ数えることから転換できない子どももいます。これは、かなり課題がある子どもを念頭に、5 を個数ではなく、「かたまり」として意識させるために作成したスライドです。

1 円玉を 5 枚集めると、1 枚の 5 円玉に変わるようになっています。1 円玉が 1 か所に集まり、消えていく 1 円玉の中央から、5 円玉がグルグルと回転、拡大しながら出てきます。1 円玉が 1 か所に集まるのは「軌跡」、消えるのは「フェード（終了）」、回転と拡大は「ピンウィール」というアニメーションの効果をかけています。

何度もくりかえして、1 を 5 個くっつけた積み木による理解から転換することができました。

41

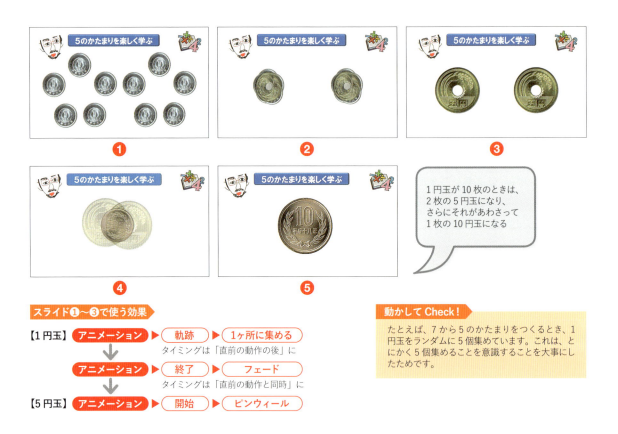

算数2　くり上がり・くり下がりを動かせば

　くり上がり・くり下がりのある計算で、いったい何が上がったり下がったりするのか理解させようとつくったスライドです。「軌跡」のアニメーションを使い、10 や 100 のかたまりがスーッと移動し、くり上がりとくり下がりが目でわかるようにしました。

　この動きにより、たし算では、10 や 100 のかたまりになったら、それにあう位に移動させるということが意識できるようになります。ひき算では、「くり下げる」の意味は上の位からかたまりをもらってくることだと理解することができます。

　「10 のかたまり、100 のかたまりができたよ。どこに持っていけばいいだろう？」と問いかけながら進めます。305 − 178 のひき算では、305 の十の位の 0 が難しいところですが、一の位に 10 をくり下げるので 9 になるということを理解してくれたときはうれしかったです。

　これはつくりこみにかなりの時間がかかりました。パーツの大きさを決めるのがたいへんでしたし、古いバージョンの PowerPoint では、素材を移動させるとき、置きたい位置になかなかあわせられなくていらいらしたものです。これが 2013 バージョンでは改善されて、置きたいところにあわせられるようになりました。

PowerPoint ホントの使い方

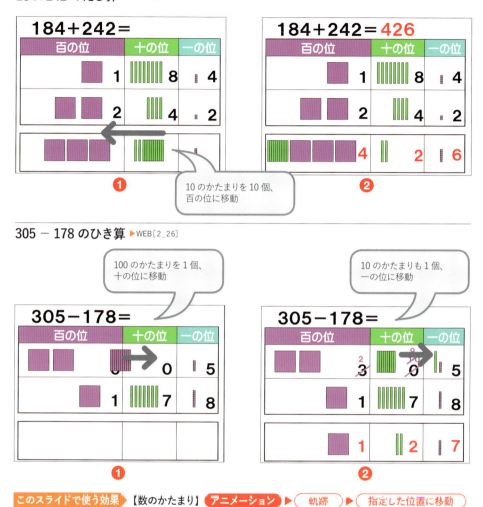

算数3 4コマまんがで考える文章問題

計算はできるけれど文章問題はイヤだ、という子どもが多いです。なんとか楽しい感じでやりたいなあと思って、4コマまんがで文章問題を考えるスライドをつくってみました（次ページ）。

特別な効果は使わないシンプルなつくりで、コマと文章のペアをひとつずつ出していくというものです。「つぎのコマはなんだろう？」と展開を予想しながら進めていきます。

❷のように、コマのなかには、学習と関係のないものも入っていますが、気持ちをほぐすためのくふうとして入れてあります。文章も、生活感を出して楽しくし

ました。この部分も、吹き出し（セリフ）を考えあったりして見せていきました。

授業のねらいにもよりますが、文章問題にたいするアレルギーを少しでもなくすために、わたしは授業の導入部分で見せました。子どもたちはとても喜んで、笑いながら楽しんで学びました。さらに「自分たちも問題をつくってみたい！」と言いだしたので、手描きの4コマ問題をつくらせて、それをPowerPointに挿入し、各自がつくった問題を発表しました。

4コマまんがで文章問題を楽しもう！ ▶WEB[2_27]

子どもたちが考えた4コマ問題の例

算数4　できた！　円周上を回転する10円玉

円周と同じ長さの直線上で10円玉を転がすと1回転なのに、円周上だと2回転になる。この不思議を感じてもらおうと、スライドをつくりました。

この問題は、小学算数で扱うレベルのものではありません。わたし自身、理解するのに時間がかかりました。PowerPointで、この解き方を子どもにもわかりやすく説明できないかと、チャレンジする気持ちでつくったものです。授業ではなく、

PowerPoint ホントの使い方

朝の会の時間でクイズ的に使いました。クリックすると、上の10円玉が下の10円玉の円周に沿って回転しながら移動します。子ども自身が48クリックして、感覚的に理解できればじゅうぶんだと思います。このように見せることで、「10円玉がすべらないように回転する」という意味はすぐに理解していました。

この10円玉が回転しながら回っていくという動きは、ほんらい PowerPoint では出せないのですが、くふうしだいでそれらしく見せています。ここまでやると、もう「趣味」の領域ですね。ただ、この「くふうしだい」というのが、PowerPoint の楽しいところでもあります。また、この問題はわたし自身にもわかりにくかったのですが、PowerPoint を動かして説明のしかたを考えているうちに、「なるほど……」と理解できました。わたしにとっても思い出のスライドです。

10円玉は何回転? ▶WEB[2_28]

10円玉の動きのつくり方

角度を変えたひとつひとつの10円玉に、開始→アピール、終了→フェードのアニメーション効果をかけました。こんなにたくさんの10円玉画像を入れたわけです

国語1　音読み・訓読みから漢字を推理

聴覚障害の子どもたちは、漢字を書くことはできても、聞こえないために、なんと読むのかわからない場合が多いです。音訓も同様で、ほんらいは耳から聞いて覚えるものですが、それが困難です。音訓の意味さえも理解に時間がかかることがあります。このスライドは、そんな子どもたちに音訓とは何かを視覚的に理解させるためにつくりました。もちろん、耳が聴こえる、漢字が苦手な子どもにも

この読み方、なんの漢字？　▶WEB[2_29]

ヒントを少なくし、単語例を入れたパターン

このスライドで使う効果
【答えの漢字】　アニメーション ▶ 開始 ▶ ズーム

動かしてCheck！
特別な効果は使っていませんが、答えとして出てくる漢字にはズームのアニメーションをかけています。

けっこう使えると思います。

まずは音読みだけをヒントに、同じ音読みの漢字をいくつか出していきます。これ自体が漢字学習になります。続けて訓読みを示し、子どもが気づいたらノートや黒板に書かせます。最後に、真ん中に答えの漢字を大きく出し、「訓読みにしたら、どの漢字なのかわかるんだよ」と結びます。ヒントを少なくしたり、その漢字を使った単語の例を示したり、いろんなバリエーションが考えられると思います。

この学習によって、子どもたちは音読みと訓読みをかなり意識するようになり、以降の漢字学習でとても役に立ちました。

あたりまえのことですが、学習スライドにおいては、凝ったフォント（書体）は必要ありません。国語では、やはり正しく字を覚えるために教科書体を使用するのがいいと思います。温かみがありますが、角ポップ体はやめたほうがいいです。

国語2　いろいろな日本語を楽しく学ぶ

漢字の音訓への意識と同じく、聴覚障害の子どもたちは、聴こえる人たちがあたりまえに使っている日本語の意味を理解しにくいことがあります。子どもたちが苦手意識をもたないで、楽しく日本語を学ぶためのスライドをつくりました。

「今、7時5分前」の意味は？　▶WEB[2_30]

❶

❷

❸

正しいのはだれかな？　▶WEB[2_31]

❶

❷

❸

国語でのPowerPointの使用は、教科書の文章や作文などをそのまま読ませたり、関連する資料（絵や写真）を提示したりする場合が多いのですが、このようなスライドもつくれます。できるだけイラストを入れて、考えやすいようにしました。どちらも、特別な効果は使っていません。ただ、情報をいっきょに全部出しにしないで、クリックごとに出すのを基本としています。

「どの子の言っていることが正しいと思う？」と問いかけながら進めました。このとき、わざと、まちがったことを言っている子が正しいんじゃないかという言葉がけもしました。たとえば、【今、7時5分前】のスライドなら、左の男の子にあわせて、「たしかに、もう少しで7時5分になるからなあ……」とつぶやく、という感じです。ほとんどの子が正解を答えられなかったのですが、子どもたちは、すごく楽しんでいました。

同じように、ことわざについてのスライドもつくりました。絵が表していることわざと、その使い方を考えるスライドです。

最後の2枚のスライドを見てください。子どもたちは、ことわざそのものの意味は理解できても、実生活で使えないことが多いです。実生活ではこんなシーンで使うよ、ということをこの2枚で説明しています。そして、最後に出す囲みで文章を考えさせます。このスライドなら、「雨の日に水やりをするなんて、月夜にちょうちんだね」という感じです。

これをことわざで言うと？ ▶WEB[2_32]

❶　　　　　　　　　❷　　　　　　　　　❸

❹　　　　　　　　　❺　　　　　　　　　❻

PowerPoint ホントの使い方

国語3　炎と水のアニメーションで調理用語をイメージ

国語の教科書で、調理をテーマとした「すがたをかえる大豆」を読んだとき、子どもたちは、調理用語をぜんぜんイメージできませんでした。現代の食生活の影響でしょうか、「揚げる」という用語以外は知らない、という子どもが多いのに驚きました。このスライドは、いろいろな調理用語を教える必要を痛感してつくったスライドです。

それぞれの調理法については、基本的に炎・水・容器だけで説明しています。ガスの炎と鍋の湯にはアニメーションをかけ、火力の強さや沸騰のブクブクを表現してみました。

「調理用語っていろいろあるんだよ。きみたちが好きな食べもの、あるよね。それがどうやって調理されているのかを知るのも大事だよ」と話しながら、調理法のイメージと、それを使った料理の写真をつぎつぎに見せていきます。わたしは国語の授業で使いましたが、家庭科の学習までつながればいいなと思います。

料理のことばをおぼえよう！　▶WEB[2_33]

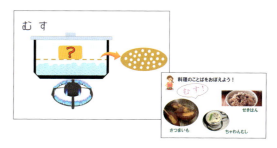
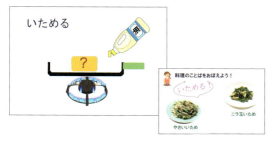
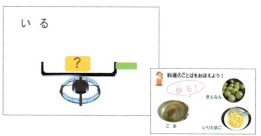

このスライドで使う効果
【炎と沸騰した水】　アニメーション ▶ 強調 ▶ パルス

動かしてCheck！
炎と水の動きは、アニメーションの強調効果のパルスをかけて出しています。

社会1　色玉クイズで都道府県名・地方名を覚える

社会は、PowerPoint教材がとてもつくりやすい教科です。画像、イラスト、動画など、いろいろな素材を組み合わせたら、いい教材になりますね。教師自身も楽しみながらつくれるのではないでしょうか。このスライドは、府県名とその位置をしっかり覚えさせるために、また、それらをあわせて近畿地方になることを意識させるためにつくりました。スライドの右側の色玉をクリックすると、となりに府県名が表示され、地図上の同じ色玉も府県名に変わります。「ここは何県だろう？」「行ったことある人は？」「何が有名？」などと、コミュニケーションしながらゆっくり出していきます。ぜんぶの名前が出そろうと、右の色玉が集まり、「近畿地方」という文字が出てきます。

最後の電車のスライドは、おまけみたいな感じで入れたのですが、これを入れることによって、学習内容にとても興味をもってもらえました。「近畿地方はJRだけでなくていろいろな電車が走っているよ。乗ったことある？　手話表現もあるよ」という言葉がけをして見せました。

府県名がわかるかな　▶WEB[2_34]

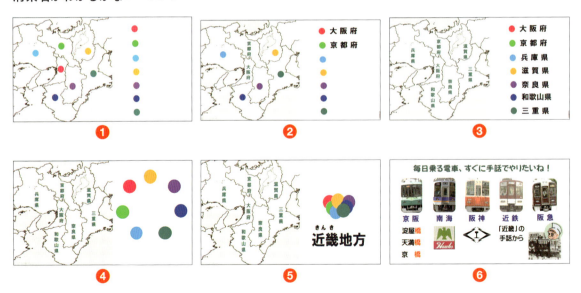

このスライドで使う効果

動かしてCheck！

開始と終了のアニメーション効果を同時にかけて、色玉が府県名に変わるように見せています。色玉をクリックして府県名を出すのはハイパーリンク機能を、色玉が集まるのは軌跡の効果を使います。

PowerPoint ホントの使い方

社会2 動画と絵を組み合わせて、ごみ学習

焼却工場の見学もとり入れたごみ学習のまとめという位置づけでつくったスライドです。子どもたちがほんとうに理解できたかをチェックするとともに、感想をたくさん発表してもらいました。

❶は写真を順番に出していくもの。❷は動画を挿入して、分別のしかたをビデオで見せました。❸は子どもたちの描いた絵の発表です。ごみ焼却工場へ見学に行くまえに、子どもたちに工場のようすを自由に想像させ、それを絵に描かせました。じっさいに見学した工場のようすが自分の予想と大きく違っていた子どもの驚きは、大きかったです。

❹は、焼却工場での作業の流れと処理のしくみを説明しています。❶〜❸のスラ

ごみについてわかったこと ▶ WEB[2_35]

❶

❷

❸

❹

このスライドで使う効果

【❹のごみ】アニメーション ▶ 軌跡 ▶ 指定した位置に移動
　　　　　　タイミングは「直前の動作と同時」に
　　　　　　アニメーション ▶ 終了 ▶ フェード
【揺れる炎】アニメーション ▶ 強調 ▶ パルス

動かしてCheck！

❸のように、子どもが表現したものをそのままとりこんで提示するというのも楽しいものです。授業では、1スライドにつきひとりの絵を大きく提示して、話しあいながら進めていきました。

イドはシンプルなものですが、ここでは、ごみや灰を積んだ車が画面を移動したり、炎や煙などが揺れたりします。車が動くのは「軌跡」、揺れるのは強調の「パルス」のアニメーションです。軌跡の効果は好きな場所にものを移動させることができるので、視覚的にもわかりやすいスライドがつくれます。このスライドは、子どもたちにクリックさせ、その場面の説明もさせました。作業の全体を把握することができたようで、「燃えないごみはどう処理するのか調べてみたいなあ」という声も出ていました。

社会3　ようすやしくみを大きくつかもう

「木を見て森を見ず」ということわざがあります。社会の学習で子どもたちを見ていて、細かい知識は身についているのに、基本的なことの把握にはつながっていないと感じることがよくあります。たとえば、1300年前の日本のことを考えたとき、奈良の大仏のことはよく知っているのに、当時、東京が奈良と同じくらいの都市だった、というびっくりする発言がありました。細かい要素よりも、まずは全体のようすやしくみをつかませることを大事にしたい。この4枚は、そう考えてつくったスライドです。

どれも、最初の学びに入るところで見せました。まだ細かいことを教えていない段階で見せるものですから、いろいろな発問をして、子どもたちに自由に意見を出させながら進めていきました。

【水の流れを大きくつかもう！】は、川の水の処理と、その川の流れについてもっと大きくつかませようとしたものです。川は「ワイプ」の開始のアニメーションをかけ、流れるように出現するようにしています。❷は復習にも使え、？や（　）の部分を確認します。

【地震が起きたら】は、電気・水・ガスというライフラインを例に、日頃あたりまえに使っているものの大切さをつかま

水の流れを大きくつかもう！　▶WEB[2_36]

❶

❷

このスライドで使う効果　【水の流れ】　アニメーション ▶ 開始 ▶ ワイプ

PowerPoint ホントの使い方

せようとしました。

【奈良について】は、奈良を中心に、710年といまの日本の都市を比較する12枚のスライドです。とくにこれは反応が大きく、「えっ、1300年前の東京って奈良よりさびしかったの？」と驚いていました。「ディズニーランドはなかったの？」と言う子どもも……。

地震が起きたら ▶WEB[2_37]

奈良について ▶WEB[2_38]

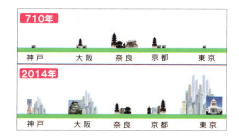

動かしてCheck！
扱う素材の多いスライドは全体のレイアウトを考えるのがとても難しいです。わたしは、慣れるまで、まず下書きの絵を紙に描いて考えていました。

理科1　オリジナル写真図鑑づくり

これは「春のようす」の学習が終わったあとのまとめとしてつくったスライドです。植物の写真を見せるだけにしても、子どもたちを引きこみたいと考えて、こんなデジタルアルバムにしてみました。写真は、子どもたちが学校の花壇で撮ったものです。

写真を見せ、花の名前を言いあったあと、答えを出します。つぎの植物に移るときは、アルバムのページをめくっているように見せるために、画面切り替えで「ページカール」のアニメーションをかけています。❹と❺のスライドでは、「軌跡」のアニメーションで、チョウがチューリップに飛んできて止まるようにしてみました。

このアルバムは花の写真と名前だけですが、ふきだしなどを挿入して、「四葉のクローバー探しも楽しかったね！」といった子どもの感想を載せたりするのもいいと思います。

意外に知られていませんが、PowerPointでは、写真の修正もかんたんにできます。明るくしたり、トリミングしたり、ぼかしたり、背景を削除したり……、写真加工ソフトとしても使えます。

春の植物ずかん ▶WEB[2_39]

このスライドで使う効果
【ページめくり】 アニメーション ▶ 画面切り替え ▶ ページカール
【チョウの移動】 アニメーション ▶ 軌跡 ▶ ユーザー設定(パス)

動かしてCheck!
写真の切り替わり方、チョウの動きを確認してみてください。

理科2 四季のあるすばらしさを感じよう

【四つの季節】は、子どもたちの誕生月を四季に分けて写真を貼ったり、関連するイラストを月ごとに置いたりして、あらためて四季の存在を感じられるようにしました。写真とイラストは全部出しにしないで、コミュニケーションしながらひとつずつ出していきます。

【もうすぐ梅雨です】は、四季の授業をしたのがちょうど梅雨の季節だったので、ステップアップの学びとして見せたものです。まずは、梅の花から梅干しまで写真をひとつずつゆっくり出していきます。そして、「いまは梅の実が熟す季節だよ」と説明して、その後、「梅」の字のとなりに「雨」の字が上から下りてくるようにしています。また、梅干しから逆に進んでいくのも、考えさせる授業になっていいと思います。

これも一種の大きくつかむスライドで、じっくり考え、コミュニケーションしながらおこなう授業にしたいと考えたものです。自分が子どもたちとどんなコミュニケーションをするのかをシミュレーションしながらつくりました。子どもたちは「梅雨」という言葉は知っていましたが、ほんとうに梅の実と関係があるとは思っていなかったようです。手に入るのならほんものの梅の実も見せて、香りを嗅いだりしたら、もっと楽しくなると思います。

四つの季節 ▶WEB[2_40]

もうすぐ梅雨です ▶WEB[2_41]

【スライド❸で使う効果】
【下りてくる雨】 アニメーション ▶ 開始 ▶ フロートダウン

動かして Check!
【もうすぐ梅雨です】は、「梅」を強調したいので「梅」と「雨」の文字を独立させています。このように切ることによって必要なものだけをまず出し、そのあとに残りのものを出すことができます。

理科3　太陽の動きで夏と冬をくらべる

夏と冬はどう違う？ ▶WEB[2_42]

動かしてCheck！
夏の太陽は、「軌跡」の終了の位置を沈む手前に設定し、沈ませないで止めておくのがポイントです。

夏は夜7時になっても明るい、冬は早く暗くなるというのは、多くの子どもたちがわかっているのですが、その理由はわかっていませんでした。ある子どもが「冬は寒いから、早く家に帰るために早く暗くなる」と言っていて、愕然としました。こういうことで、なんとか理解させたい、理科的に太陽の動きで説明しようと作成に取り組んだスライドです。

❶と❷のスライドは、東から西へと放物線を描いて太陽が移動し、沈んだと同時に空が暗くなり、夜に変わります。太陽は「軌跡」のアニメーションで動かし、夜は、空の部分の画像を別につくって「フェード」で開始しています。

❶のスライド、この状態を「昼の時間」と表現することが多いのですが、昼という表現は子どもによっては朝の時間はふくまないと勘違いしやすいので、言い方にも気をつけて「太陽が出ている時間」と押さえました。

❸と❹のスライドは、夏と冬の両方とも、太陽が動きます。右の冬のほうが太陽が早く沈み、夜になります。かなり複雑に見えますが、基本はアニメーションのタイミングを同時に設定しているだけです。1枚のスライドで左右比較するというのがポイントです。これを1枚ずつに分けてもあまり意味はありません。視覚的にも効果があります。まちがった意見を出していた子どもも、「あっ、夏と冬では太陽の高さも違うね」と気づいていました。この学びから、夏至・冬至・春分・秋分につなげていくことができました。

このスライドで使う効果

【太陽】アニメーション ▶ 軌跡 ▶ アーチ
　　タイミングは「直前の動作の後」に
【夜空】アニメーション ▶ 開始 ▶ フェード

英語　ここにもあるね、アルファベット

アルファベットの学習は、無味乾燥になりがちです。アルファベットは、子どもたちのまわりのものに、たくさん使われています。たとえば「JR」。それらと結びつけて、親しみをもたせてみよう、そう考えてつくったのが、このスライドです。まず、「このなかに、みんながいつも見ているアルファベットの組み合わせはないかな？」と言葉がけして、アルファベットの一覧を見せます。JとRを回転させ、「あっ、JとRが動いたよ。これ、どこかで見ていないかい？」という感じで続けます。文字の回転は、強調のアニメーション効果で「スピン」を使っています。それが大きくなってJRのロゴになり、だんだん小さくなったところで、そこから電車の写真が出てきます。ロゴから電車が出てくるのは、終了と開始のアニメーションを同時にかけています。最後は、文化祭で取り組んだ「大阪環状線、大阪の街を快走！」の動画を挿入しています。わたしは、子どもたちが「あ、何がはじまる？」とワクワクしてくれるようなスライドづくりを心がけていますが、授業の入りはじめは、これがとても大事です。子どもたちは、最初はただのアルファベ

楽しくアルファベット　▶WEB［2_43］

❶

❷

❸

❹

❺

❻

このスライドで使う効果

※まずJとRだけを独立させてつくる

【JとR】　アニメーション ▶ 強調 ▶ スピン

【ほかの文字】　アニメーション ▶ 終了 ▶ フェード

【JとR】　アニメーション ▶ 終了 ▶ フェード

【大きなJとR】　アニメーション ▶ 開始 ▶ フェード

タイミングは「直前の動作と同時」に

ット学習と思ってたようで、JRから文化祭で自分たちがつくった作品につながっていくのを見てびっくりしていました。

このあと、「ほかにないかなあ？」と言うと、au、3DS、UCC、USJなどいっぱい出てきました。楽しい授業になりました。

その他　遊び心で伝えるメッセージ

知ることの大切さ、楽しさを伝えたいとつくったスライドです。授業で新しい単元に入るときに、ときどき使っています。「知」という漢字をはさみで切ったら、矢と口に分かれ、口からたくさんの言葉が出ている絵になっていく、という展開です。はさみが下から上にスーッと動いたり、それぞれの文字が踊りながら絵に変化したりと、いろいろなアニメーションをかけ、楽しんでもらえるようにくふうしました。遊び心で考えたものですが、「この漢字の意味、先生が勝手に考えたの？」と、漢字のつくりに興味をもってくれた子どももいます。

これはコマーシャル感覚で見せるものなので、ビデオファイルにしています。

「知」をはさみで切ってみた ▶WEB[2_44]

PowerPoint ホントの使い方

6 こんなことにも使ってみよう

PowerPoint の使い道は、教材づくりだけではありません。
ほかにもいっぱいあるんです。
学級通信にポスター、思い出のアルバムも、PowerPoint でつくれます。
みんなが驚いた、目からウロコの活用例を紹介します。

PowerPoint でポスターをつくる

PowerPoint を使って、ポスターやチラシやをつくってみましょう。複雑なレイアウトも驚くほどかんたんにできてしまいます。

PowerPoint のスライドは、プレゼンサイズだけでなく、A サイズ、B サイズ、はがきサイズなど、いろいろなサイズでつくれます。ユーザー設定を使って数値を変更すれば、たとえば、A4 サイズで余白をほとんどなくしてプリントアウトすることもできます。文章だけ Word で打って PowerPoint にコピペしたら OK です。Word そのものでつくるよりもずっとラクです。プレゼンづくりの感覚で、楽しいお知らせやポスターがかんたんにつくれます。

最近は、印刷ショップでも、PowerPoint データに対応しているところが増えてきています。高価なグラフィックデザインソフトでつくったデータをプリントしたものとくらべても、できあがりにほとんど差がありません。チラシづくりにぴったりです。

メールで送って見てもらうときは、PDF 形式での保存が便利です。

デジタルワーク発表会の告知チラシ
▶ WEB [2_45]

PowerPoint で学級通信をつくる

学級通信というのは、学級運営について発信したり、子どもたちや保護者とのコミュニケーションを図ったりするうえで、とても大切なものですね。PowerPoint で、楽しさいっぱいの学級通信をつくってみましょう。

Word のようにレイアウトがくずれていらいらするということもありません。テキスト、イラスト、写真などを入れて大きさや位置を微調整していくだけです。写真は PowerPoint の図ツールでかんたんな修正ができます。長い文章を入れるときは、Word でつくった原稿を PowerPoint にコピペするという方法がかんたんです。コピーされるのは文字情報だけですが、文字を打つのに慣れている Word を組み合わせて使うことで、仕事の効率が上がります。つくる作業にストレスがないぶん、いいものにできると思います。

Office ツールというのは、ツールメニューや操作が共通しているのでとても使いやすいです。Word・Excel・PowerPoint、切り離さずに上手に使い分けるコツを覚えると、仕事がぐんとラクになります。Word で書いた原稿を PowerPoint に、PowerPoint でつくった画像ファイルを Word に、というぐあいに、双方向に使うことを意識してください。

夏休み明けの学級通信 ▶ WEB[2_46]

PowerPointで劇のシナリオをつくる

文化祭で「仲間づくり」をテーマにした劇の上演に子どもたちと取り組みましたが、その台本もPowerPointでつくってみました。スライドのサイズはA4で作成し、各場面にあったイラストも入れています。

プリントして配布するだけでなく、見せるスライドとしても使いました。舞台の子どもたちの正面にスクリーンを立てて、それにプロジェクターでスライドを映しだし、クリックしながらセリフをひとつずつ出していきました。

テレビのニュースキャスターさんは、暗記して話すのが上手に見えますが、真正面に原稿があって、それを読み上げていることが多いそうです。じっさいにその現場を見たことがあります。テレビカメラには写りませんね。あれと同じような感じで楽しく練習ができます。

子どもたちは、真正面に映った自分のセリフを見て、のびのびと手話で練習していました。かんたんなしかけで大きな効果が出せる、PowerPointならではの使い方です。

「ふしぎな宇宙人と3つのお願い」（オリジナル台本） ▶WEB[2_47]

表紙

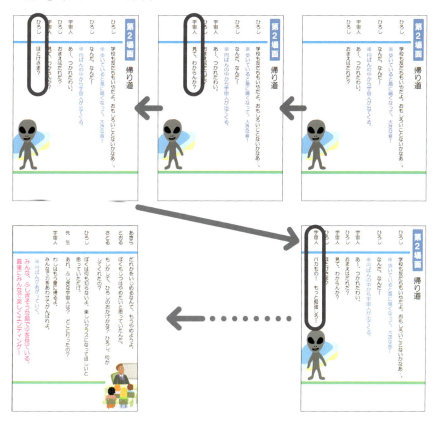

PowerPoint でムービーアルバムをつくる

ムービーアルバムを PowerPoint で？はい、アルバム作成ソフトよりずっといいものがつくれます。凝ったアニメーションを入れたり、図や表などいろいろなスライドを挿入したりして、メリハリのあるものができます。運動会や文化祭、修学旅行などの思い出につくってみてはいかがでしょうか。卒業記念にもぴったりです。

このスライドは、子どもの成長記録としてつくったものです。❶～❸の写真はだんだん消えてつぎのものが出てくるように、画面の切り替えの「フェード」をかけ、継続時間を3秒に設定しています。❹では、写真の下にキャプションの文字を入れています。このとき、アニメーションによって、タイプライターのように1字ずつ文字を出していくこともできます。しあげは動画ファイル（wmv または mp4）での保存です。これで、だれにでも見られるムービーになります。スライドショーの「リハーサル」をしてから保存してください。リハーサルと同じ時間の動画ファイルができます（37ページ参照）。DVD に焼いたり、YouTube にアップロードしたりしてもいいでしょう。

思い出ムービーアルバム ▶WEB[2_48]

❶

❷

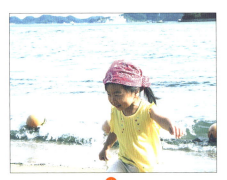
❸

❹

PowerPoint ホントの使い方

Office Mix で動画教材にする

Office Mix は、PowerPoint のアドインツールです。Microsoft の Office Mix サイトからダウンロードして、PowerPoint の機能のひとつとして使います。英語ですが、シンプルでわかりやすいツールです。このツールは、日本ではまだあまり知られていないのですが、かんたんに言うと、PowerPoint のスライドショーを再生しながら説明している自分自身を web カメラで記録し、その動画を PowerPoint に挿入するものです。この算数の教材でいうと、上のスライドの吹き出しの内容が下のように動画で伝えられるので、オンライン授業のような感じになります。

この Office Mix というツールから、わたしはオンライン大学講座 MOOCs をイメージします。当然、アップロードして共有もできるので、そのような使い方もできるわけです。また、使い方がすぐにわかるツールなので、子どもたちに使わせて、調べ学習の発表などにも活用できるのでは、と思っています。

Office Mix で説明を動画に ▶WEB[2_49]

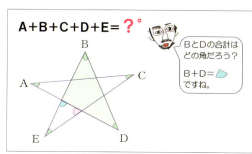

PowerPoint でつくった算数のスライド

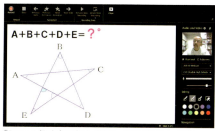

「Record（記録）」ボタンを押し、展開するスライドショーにあわせて、説明をしていく。その説明している自分自身の姿や音声がスライドショーのなかに挿入され、それがひとつの動画として記録される

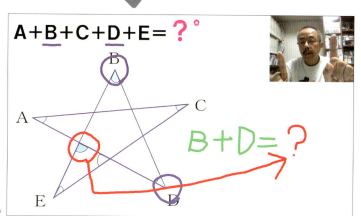

Office Mix で手話による説明の動画を入れたもの

よく聞かれるギモンに答えます

PowerPointで教材をつくるより、iPadアプリのほうがいいんじゃない？

iPadの使用は否定しませんが、安易なアプリの使用は教材作成力やコンピュータ・リテラシーを低下させます

以前にくらべるとシェアが下がってきているものの、多くの先生方がiPadを使っておられると思います。WindowsデバイスとiPad、両者のバランスを考えて導入している自治体も多いようです。

授業でも、相互のいい面をうまく活用できていればいいのですが、これでいいのかな、と心配してしまう使い方を見ることもあります。iPadの使用スタイルはいろいろありますが、気になるのはできあいの教育アプリの使用です。いいものもあるとはいえ、教材はやはり、自分がかかわっている子どもの力を把握してつくりこむべきだと思うのです。アプリばかり使っていると、教材作成力、ひいては授業力を落とすことにつながります。

それと、「だれでもすぐに使える」というiPadの長所が、逆に作用することもあると思います。かんたんすぎるものを使いつづけていると、教師も子どもたちも、コンピュータ・リテラシーが低下する、または育たないと思うのです。

わたしはコンピュータを使いこなすスキルを聴覚障害の子どもたち、生徒たちにもってほしいと思います。プログラミングに挑戦するのもいいでしょう。この場合は、やっぱりWindowsデバイスという選択になります。

iPadの使用は否定しませんが、自分なりのしっかりした考え・スタイルをもって使っていきたいと思います。

iPadはMicrosoftのOfficeツールがそのまま使えるようになったので、WindowsデバイスのPowerPointと組み合わせた活用がかんたんにできます。たとえば、こんな使い方はいかがでしょうか？

● WindowsデバイスとiPadを使い分けるスタイル

PowerPoint教材をWindowsデバイスでつくりこむ

OneDriveにアップロード

iPad用のPowerPointアプリでOneDriveからダウンロード

PowerPoint教材をiPadで使う

教室を超えた学び
手話づくりプロジェクトから Microsoft 世界大会へ

ICT にかぎったことではないのですが、理念をもって取り組むということをわたしは大切にしています。たとえ夢のような理念だったとしても、実現めざしてがんばることで、その理念は大なり小なり、なんらかのかたちになってくると思います。
「人と人との出会い・結びつきを大切にし、それを共同・共生に高めていきたい」というのが、わたしの理念のひとつです。聴覚障害をもつ子どもたちが、社会でいろいろな人と豊かな関係を築いて生きていってほしいという思いがもとになっています。それを ICT の取り組みのなかでも大事にしています。

下水処理場で手話に取り組む職員の方々と聴覚障害をもつ子どもたちが、共同して下水道用語の手話づくりをおこない、それを PowerPoint によってデジタル教材とし、交流会も企画して学びを深めていくという、「教室を超えた学び」を実施しました。そのなかで、下水処理という仕事にたいする子どもたちの意識も変わってきました。

この「教室を超えた学び」が、アメリカの Microsoft 本社の方々に注目され、世界中の教育機関に発信されました。わたし自身も、海外の多くの教育関係者とつながりをもつことができました。

理念をもって取り組んだことが夢のようなかたちで結実した実践です。

下水処理場発、手話づくりプロジェクト

　ろう学校（聴覚支援学校）においては、じっさいに目で見たり、体験して学ぶことを大事にしています。とくに小学部中学年においては社会見学に行くことが多いのですが、そのさいに問題となるのが、コミュニケーション。つまり、手話でのやりとりが必要になるのです。ほとんどは教師が手話通訳をします。社会においてまだまだ手話が広がっていないということなのですが、子どもたちもわたしも、それをしかたがないことと受けとめていました。

　10年ほどまえのことです。大阪市城東区の中浜下水処理場へ見学に行ったとき、そこの職員の方々が「もし、迷惑でなければ、自分たちで手話で説明したい」と言ってこられました。こんなことはいままでになかったのでびっくりしました。理由を聞くと、「自分たちの仕事は自分たち自身で向きあって伝えたい」とのことでした。わたしはその言葉がすごくうれしくて、「ぜひ！」とお願いしました。

　職員の方々の手話による説明を聞く子どもたちの顔は、教師が手話通訳をするときよりも生き生きとしていました。質問もいっぱいしていました。子どもたちは、帰りのバスの窓からいつまでも手を振っていました。わたしは、この、子どもたちの心が動いた瞬間を大切にしたいと思いました。

職員さんの手話による
説明を聞く子どもたち

そこで、わたしはこの下水処理場の方々に、何か共同したワークができないものかと連絡してみました。職員さんたちも、社会見学で子どもたちがわかってくれたことをうれしく思って、何かに取り組みたいと思っていたところだったそうです。それで相談を重ねました。

その結果、「聴こえない子どもたちに下水道の役割や仕事をもっと正確に伝えるためには、下水道用語の手話が必要だ。しかし、現状では下水道の専門用語を表す手話がない。これをみんなでつくっていっては？」ということになりました。そこで、下水処理場の職員の方々もチームを結成しました。チーム名は「チーム桜」です。

こうして下水道用語の手話づくりがはじまりました。そのなかで、多くの成人の聴覚障害者の方々にも協力していただきましたが、成人に通じる手話が子どもたちにも通じるとはかぎりません。子どもたちに見てもらって改善していく必要がありました。

ちょうどこのころ、わたしは聴覚障害児が豊かな学びをするための場を立ち上げていました。学校を超えて子どもたちが集う場「ぼちぼちEdu」です。ここに「チーム桜」のみなさんに来ていただき、試作した手話を子どもたちに評価してもらったのです。子どもたちは「固すぎる」「その手話はあわない」「表情が足りないよ」など、いろいろな意見を出してくれました。このプロセスには、かなりの時間をかけました。

下水処理場職員の方々の「チーム桜」のみなさんが手話にかかわったきっかけが、とてもすばらしい。メンバーのひとり、笹本琢士さんから手記を寄せていただきましたので、全文を紹介します（次ページ）。

「チーム桜」と子どもたちで、下水道用語の手話を考えあう

下水処理場で手話に取り組む「チーム桜」とは

チーム桜　代表　笹本琢士

　わたしが手話をはじめたきっかけは、メンバーでもある松田さんに誘われた職場（大阪市）主催の手話講座でした。講座が進むにつれ、各局の受講者がしだいに自分の職業についての手話を講師に尋ねるようになり、当時下水処理場で見学案内の担当をしていたわたしも、たくさん質問させていただきました。

　講座終了後、聴覚障害者である講師の沼先生や同期の受講生を職場に招き、松田さんとふたりで見学案内をしたのが、手話を使ったはじめての見学対応でした。

　その後、転勤先の中浜下水処理場で生野ろう学校（当時）と運命的な出会いをします。

　ふだん、小学生の見学対応時には、下水処理のしくみを「楽しく、わかりやすく」をモットーに説明していますが、これには児童との距離を縮めるコミュニケーションがひじょうに大切となります。また、難しい言葉や特殊な機械が多い職場を説明するには、通訳を介すよりも「自分の言葉で伝えるほうが理解してもらえる」「楽しく学習していただける」と思い、生野ろう学校の見学対応で手話による説明を試みました。手話辞典を読みながら事前にシナリオを考え、いざ迎えた本番で、緊張しながら説明をしていると、児童のひとりから「その手話違うで、こうやで」と手話で指摘を受けました。わたしはとっさに「え？　もう一回教えて」と声を出しながら、手話とも何とも言えない身振り手振りで答えました。そこから、いっきに距離が近くなった気がします。「わからない手話は尋ねればいいんだ。会話しながら説明をすればいいんだ」――そう思うと緊張感も和らぎました。

　数日後、職場に届いた子どもたちの感想文のなかに、わたしの名前を書いてくれているのを見つけ、ほんとうに感動したことをいまも鮮明に覚えています。そのときの感想文はコピーさせていただき、わたしの宝物としていまも大切にとっています。そんなようすを見ていてくれた仲間がつぎつぎと手話を習いはじめました。それが「チーム桜」のメンバーとなる、貞方さん、森さん、西島さんです。

　「チーム桜」の結成は、稲葉先生が引率されてこられた生野聴覚支

子どもたちに
説明する笹本さん

援学校の見学後、西島さんに「むかしから、下水の専門用語の手話辞典をつくりたいなあと思ってるんやけどな」と話したところ、「それ、すぐにつくりましょう。手伝いますよ」と背中を押され、その日のうちに稲葉先生へメールをし、各メンバーに「手伝ってほしい」と電話をかけました。そして、笹本、西島、松田、森、貞方の5人でスタートしました。のちにメンバーになる藤江さんは、わたしと松田さんが受講していた手話講習会の1期後輩になります。下水処理場では、深さ5m以上の池を排水し清掃するといった作業があり、池の底と地上で機器操作のやりとりをするのですが、声が届かないことが多々あります。彼は、習得した手話を仲間に教え、声の届かない場所において手話による会話をしていました。そのような話を耳にし、ぜひメンバーにと加入していただきました。

　以上が「チーム桜」の生い立ちです。

できた手話をPowerPointの教材に

　下水道用語の手話ができあがると、つぎに、その手話を「チーム桜」のみなさんに分担して表していただき、それをわたしがビデオ撮影し、撮った動画を編集していきました。この撮影作業も、納得いくまで何度もやりなおしました。

　この手話の動画は、「下水道の手話」というDVDビデオにまとめました。全国のろう学校にも寄贈し、改善のためのアンケート回答も依頼しました。多くのろう学校の子どもたち、先生方から、いろいろな批評・アドバイスをいただきました。

　それをもとに改良バージョンの制作に取り組んでいたところ、ある子どもが「さっきの手話、ちょっと気になったから、もう一度見せて」と言いました。わたしは、これがすぐにできないことに気づきました。あたりまえのことですが、ビデオデータなので、そのシーンをもう一度探してもどる必要があったのです。

　子どもたちの主体的な学びをひきだす教材にするには、子どもたちが、「見たいところを、何度でも、自由に」見られるようにしなければなりません。

　いろいろ方法を考えているうち、「もしかすると、PowerPointの機能を活用すればできるんじゃないか……」とひらめきました。PowerPointが、た

DVD「下水道の手話」

んなる提示・プレゼンツールではなく、学習ソフトづくりにも使えると気づいたのです。それに気づくと、もっと楽しいものをつくりたいという気持ちになりました。1作目のDVDビデオは単語の紹介だけだったのですが、下水道用語についてのわかりやすい解説も入れようということになり、それにも取り組んでいきました。

こうしてできあがったのが、32ページでも少し紹介した、「PowerPointで学ぶ　下水道の手話」です。

15の下水道用語が並んだメニュー画面で、知りたい用語のアイコンをクリックすると、その用語の「手話」(単語のみ)、用語についての「お話」(手

PowerPointで学ぶ　下水道の手話 ▶WEB[3_1]

メニュー画面。動画、しくみのスライドにリンク

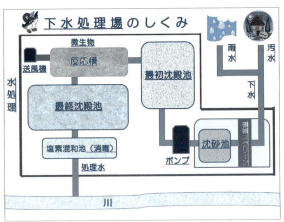

下水処理のプロセスマップ。動画のスライドにリンク

「手話」(単語)。「お話」、しくみ、メニューのスライドにリンク

「お話」(解説)。「手話」、しくみ、メニューのスライドにリンク

話による解説）のスライドにリンクし、動画を何度でもくりかえし見ることができます。さらに、リンク先のスライドには、手話をする「チーム桜」の職員さんのそばにもうひとつ小さな動画が埋めこまれていて、機械の動きなどが見られるようになっています。

「下水処理のしくみ」は、下水処理のプロセスマップです。メニューにある15の用語がどのプロセスにあるのかがわかります。これもそれぞれの用語のスライドにリンクしていて、見たいところをクリックすれば、それに対応した動画に飛ぶことができます。

　この「下水道の手話」は、学校の授業や「ぼちぼちEdu」の学びでも活用しました。「あっ、見学のときに手話で話した人や！」「この人、手話やってるときの顔がおもしろいわ！」と大喜びでした。子どもが使えるソフトにしたので、子どもたちは自分で何度も何度もクリックして見ていました。

　なお、子どもたちにはこの学習ソフトをつくっていった経過もきちんと話しました。そのなかで、下水道の学習だけでなく、このようなスタンスで手話に取り組んでいる人が社会にいることを知り、聴覚障害をもった自分自身について考えはじめる子どもも出てきました。

　1作目のDVDと同じように、この教材は全国のろう学校に寄贈しましたが、手話単語だけでなくて楽しいお話も加えたこと、PowerPointをこのような学習ソフトづくりに応用したことなどについて、高い評価をいただきま

「下水道の手話」で学ぶ子どもたち

した。東日本大震災で被災したろう学校の先生からは、「大地震や原発事故の影響で水道局や下水処理場の見学をまったくおこなえなかったため、子どもが見学しているようすを映像で見ることができてとてもよかったです。よく構成されており、下水処理場の施設のようすについても知ることができました。子どもたちはじっさいに行ったような気分になり、楽しそうに視聴していました」とメッセージをいただきました。また、東京のろう学校の先生からも、「このような共同した取り組みができるというのはうらやましい。東京でもできれば」というメッセージが寄せられました。

うれしかった子どもたちの変化

「PowerPointで学ぶ　下水道の手話」による学習をとおして、子どもたちから、「文化祭で、下水処理場をつくって展示したい」「下水処理場の人たちにもう一度会いたい」という声が上がってきました。

　下の写真は、空き箱やペットボトルを使って子どもたちがつくった「水のたび」です。文化祭で展示しました。琵琶湖、淀川、浄水場、家や学校、下水処理場、大阪湾と、水の流れがひと目でわかるすごい作品です。

　大きな紙にまとめを書かせたところ、ある子どもが下水処理場の方々について、「この人たちが手話ができるわけは、自分の仕事は自分で伝えたいからだって。かっこいいね〜」と書きました。すごくすてきなメッセージです。わたしは「そう、きちんと向きあって話そうとする人たちはかっこいいよ！」

子どもたちの作品「水のたび」

「水のたび」の下水処理場のコーナー

と返しました。まさか、このような言葉を書いてくれるとは思わなかったので、すごくうれしかったです。

　下水処理場のまえに浄水場の見学にも行っているのですが、そのときは教師が手話通訳をしての見学でした。大きな紙に子どもたちが書きこんだものはどちらもくわしくまとめていましたが、下水処理場のもののほうが格段に気持ちがこもっていました。

　文化祭が終わったあと、「チーム桜」の方々に学校に来ていただき、交流会を実施しました。見学に行ったところの人が学校に来るというのは前例のないことです。子どもたちは、「チーム桜」のみなさんと再会してすぐに、「わ〜、ほんとに来てくれた！」「PowerPoint の手話、おもしろかったよ〜」と声をかけていました。

　交流会では、もう一度「下水道の手話」を見て、子どもたちに感想を出してもらったあと、作品展示の場所に移動しました。「チーム桜」の人たちもびっくりしてくださり、「この作品、展示が終わったらほしいなあ」という方もいました。

　いろいろ質疑応答したなかで、子どもたちの意識の変化を感じました。「いままで、下水処理の仕事はくさくていやな仕事と思っていたけど、そうじゃなかった」「下水処理場ではなぜ女性が少ないの？」と意見や質問が出ていました。また、自分たちが主体となって手話を広めていって、このような人たちを増やしていきたいと語った子もいました。

　わたしも長年教師をやってきましたが、はじめて、「教室を超えた学び」とはこのようなものかと感じたものです。

交流会で話をする「チーム桜」の人たち

交流会後の子どもの手紙

「チーム桜」から「チームもぐら」へ

　じつは、「チーム桜」の聴覚障害児にたいする手話での見学対応は、当初は業務ではなく、あくまで一職員による自主的なボランティアという位置づけでした。そのため、ほかの業務がある場合などにはなかなか動きにくいといったことがありました。また、下水道用語の手話づくりにしても、勤務が終わったあとの夜におこなっていました。行政からは、なんの援助や保障もない活動でした。

　それが、わたしたちの取り組みや後述するMicrosoft社の取材、またメディアで紹介されたこともあり、大阪市当局も動かされたようで、大阪市の広報事業の一環として正式な業務とするという通知が「チーム桜」の代表者のもとにありました。今後はどこの下水処理場でもきちんと対応し、依頼があればろう学校にも出向くことが可能となりました。

　下水処理場の職員の「自分たちの仕事は、自分たちで向きあって伝えたい」という熱い思い、そして、それに共感したろう学校の子どもたちと、わたしたちの粘り強い共同（コラボレーション）が、ついに大阪市を動かしたということです。

　わたしが下水処理場の方々と出会ったのが約10年前。長い長い、そして楽しいコラボレーションでした。

　わたしのなかには「この取り組みがほかのところにも広がってほしい」という気持ちがありました。つまり、「チーム桜」のような取り組みがめずらしいと言われるようではいけない、あたりまえのことにしなければならないと思っていたのです。

　そんななか、2014年に、手話の学習に取り組んでいる大阪市営地下鉄の運転士さんたちがおられることを知り、「ともに何かに取り組んでみませんか？」と声をかけたところ、共感していただき、また新しいコラボレーションをすることになりました。そのための会合に「チーム桜」のメンバーの方も来られたのですが、その方の子どもさんがろう学校に通っていて、「地下鉄を利用しているが、何かが起こったときにアナウンス

朝日新聞で紹介された「下水道の手話」の取り組み（大阪本社版の夕刊、2014年6月2日付）

などがわからないので、聴こえない子どもはとても困る。せめて、ろう学校の子どもたちが利用する駅ぐらいはしっかりとバリアフリーを考えてもらえないか」という問題提起がありました。

それを受けとめて、地下鉄のことをもっと知ってもらおう、聴覚障害者が安心して利用できる地下鉄をめざしていこう、ということになり、それを基本としてさまざまな取り組みをしています。

そのなかには、地下鉄駅名の手話づくりといった楽しいワークもあります。「下水道の手話」と同じく、つくった手話はビデオで撮影して動画にし、PowerPointに挿入して、子どもたちが楽しく学べる教材にしました。動画をそのまま挿入するとどうしてもデータ容量が大きくなってしまうので、撮影させていただいた方々の了承を得てYouTubeにアップロードし、それとリンクさせることにより、PowerPointのデータ容量を小さくすることにしました。動画は手話単語だけではなく、地下鉄の運転士さんと聴覚障害の子どもたちが手話で楽しくその駅の由来を語りあうというつくりにしています。

なお、運転士さんたちのグループは「チーム桜」にならって、「チームもぐら」とネーミングしました。

「チームもぐら」メンバーの田里さんから寄せられたメッセージを紹介します（次ページ）。

地下鉄のバリアフリーについて
「チームもぐら」の運転士さんたちと学びあう
ろう学校の生徒たち

「チームもぐら」の手話教材 ▶WEB[3_2]

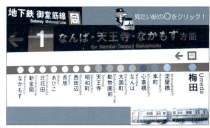

大阪市営地下鉄御堂筋線の主要8駅の色玉をクリックすると、YouTubeの動画に飛ぶ

地下鉄の運転士さんと聴覚障害の子どもや生徒たちが手話で駅について語りあっている

心のバリアフリートンネル工事を

チームもぐら　田里義宣

　わたしたちは、日ごろから手話サークルなどを通じて聴覚障害者の方々と接する機会が多く、日常生活で色々な不便があることは知っていましたが、地下鉄に乗車のさいも事故や災害、緊急時などにすごく不安を感じていることを知りました。

　また、子どもたちも同様な不安があるとの声を聞き、職員として何かするべきことがあると思い、「チームもぐら」を立ち上げました。

　安全に関することや地下鉄のことをもっと知ってもらい、職員には、「聞こえない・聞こえにくい」ことへの理解を広げ、聴覚障害者の方々だけでなくだれもが安心して乗車していただける地下鉄へ！心のバリアフリートンネル工事の完成をめざします。

Microsoft 世界大会での発表

　日本マイクロソフト主催の教職員 ICT 活用実践コンテストというものがあります。「チーム桜」とともに取り組んだ学びを、世界的な IT 企業である Microsoft がどのように評価するか、知ってみたいという気持ちが大きくなり、2013 年のコンテストに思いきって応募してみました。

　結果、Microsoft から入賞の連絡をいただきました。じつを言うと、このコラボレーションの取り組みはかなりのところまでやりきったという自信があったので、「もしかすると、入るかも……」という期待はあったのですが、Microsoft の評価の観点がわからなかったので確信はできませんでした。デジタルテクノロジーの腕前なら、わたしよりももっと優れた人がたくさんおられるわけですから。連絡があったときは「ああ、社会的な取り組みを評価してくれたんだ」と涙が出るほどうれしかったです。

　Microsoft の教育分野の大会には、アメリカ本社が主催する世界大会もあります。わたしは国内コンテストの受賞だけで満足していたのですが、このコンテストで同じく入賞された先生から「ぜひ、世界大会に行って発表しなさい」と励まされました。そこで、Microsoft の世界大会（Global Forum）にエントリーしたところ、それが通って、2014 年 3 月にスペインのバルセロナで開かれた大会で発表することになりました。

この大会のエントリーが通ったのは、うれしくもあったのですが、それ以上に不安な気持ちのほうが大きかったです。それは英語でのコミュニケーションに関してです。わたしは聴覚障害者ですので、通常は、手話ができない人とは筆談でコミュニケーションします。もちろん、日本語で。しかし、この大会はすべてを英語でおこなうことになっており、英語が得意ではないわたしにとってはかなりの苦痛でした。エントリーも発表のプレゼン作成も英語によるもので、いろいろな方々に協力していただきました。

　発表のスライドも英語でつくったので、これを指さして身ぶり手ぶりをまじえて説明したらなんとか通じるだろうという気持ちで、開きなおってスペインへ行きました。手話通訳として、わたしのつれあいも同行しました。入賞できるかどうかなどはまったく考えず、外国の先生たちと友だちになるのを第一の目的として参加しました。大会には、約100か国から500名の教育関係者が参加しましたが、聴覚障害者として参加したのはわたしだけでした。

　わたしの発表は、下水道の手話づくりの取り組み、その PowerPoint によるデジタル教材化、そして、聴覚障害をもつ子どもたちに手話を広めていく気持ちをもたせていく実践についてです。

　本番は、講演スタイルではなく、一人ひとり自分の発表ブースがあり、そこにデバイス、紙資料、制作物などを自由に置いてアピールできるようにし、そのブースを訪れた参加者や審査員にじっさいに使ってもらって、意見交換したり質問に答えたりするというものでした。この点においても日本と

発表のために PowerPoint でつくったスライドの1枚

会場の発表ブースの前で

の違いを感じました。英語力の問題で伝えるのにとても苦労しましたが、デジタルテクノロジーを活用して社会を変革していく先進的な取り組みとして海外の審査員の方々のあいだで高い評価があったと聞いています。じっさいに審査員からの質問でも、「あなたの取り組みは、子どもたちにどういう変化をもたらしたのか？」と聞かれました。デジタルのテクニックを超えた質問が多かったのを覚えています。わたしは、「子どもたちは手話を広めていこうという自信をもち、また、下水処理の仕事にたいする偏見の気持ちが少しずつ変わっていった」と答えました。

デジタルテクノロジーを障害者のアクセシビリティ・バリアフリーのために活用していこうと、スペインの地であらためて決意しました。

アメリカから Microsoft がやってきた！

　夢のようなこの世界大会のあと、海外の先生たちとのネットワークがFacebookによって広がり、さて、どのようにこれからの取り組みを展開していこうかと思っていたところ、日本マイクロソフトから連絡がありました。アメリカのMicrosoft本社の方々がわたしたちの活動にとても興味をもっていて、日本に取材に来ることを検討していると――。

　半信半疑だったのですが、わたしが立ち上げた聴覚障害児が学ぶ場「ぼちぼちEdu」と、勤務校である大阪府立生野聴覚支援学校へ、ほんとうに取材に来ることになりました。また、下水処理場の見学の希望もありました。すごいサプライズでした。2014年6月のことです。

　子どもたちは、Microsoftがというより、わざわざ遠いアメリカから取材スタッフが来てくれることをとても喜び、歓迎の貼り紙もつくって心待ちにしていました。当日は取材だけでなく交流タイムも設定しましたが、みんな出会いを楽しみ、盛りあがっていました。

　Microsoftの取材スタッフも、日本にこのような学びの場があるとは思わなかったようで、アメリカに帰国してから、取材したビデオをしっかり編集して世界に発信すると言ってくださいました。

　また、わたしにたいしては、「これからデジタルテク

子どもたちが用意した歓迎のメッセージ

ノロジーをさらにどのように活用していきたいと思うか?」「教師としていちばんうれしいことは何か?」と聞かれたのですが、「障害者が自分を高めるためのデジタルテクノロジーの活用のあり方を探っていきたい。ろう学校においてもいじめの問題が起こることがある。子どもたちの悲しそうな顔は見たくない。子どもたちが、『今日も学校、楽しかった』と笑顔で帰っていくのを見るのがいちばんうれしい」と答えました。

日本の一NPO団体の、聴覚障害児の小さな学びの場に、アメリカから取材に来るなど、はじめてのことです。「チーム桜」のみなさんもびっくりしていました。

Microsoftが取材したわたしたちの学びは、アメリカ本社で映像化され、2014年10月に世界に公開されました。わたしたちが取り組んできたこと、大切にしていることがわかりやすくまとめられています。みんな、とてもいきいきとしたいい顔です。最後は、"Enjoy Difference, Enjoy Diversity!（ちがうことこそ、ばんざい！）"というメッセージで終わっています。

Microsoftによって発信されたビデオ ▶WEB[3_3]

よく聞かれるギモンに答えます

Facebookで発信を！というけれど、どんな感じでやればいい？

Facebookにはグループ機能もあります。Facebookグループでつながりましょう

　Facebookは世界最大のSNSですが、日本では疲れて「卒業」する人も増えているとか……。でも、このFacebook、人によって使い方はさまざまですね。わたしも、じつは3年前までは登録しただけでまったく使っていませんでした。

　それが、2014年のMicrosoft世界大会に出場したのがきっかけとなり、Facebookをつうじて海外の教育関係者の人たちとたくさん友だちになりました。そして、自分のワークを発信し、相手のワークを知る楽しさに目覚めたのです。

　現在は日本国内の先生の友だちも増え、いろいろな実践に刺激を受けることができています。時代は変わったものですね。わたしが若いころは、会ったこともない方の取り組みを知るなど、特別な場に行かないかぎり、できなかったことです。

　いまの時代、学校でも教員どうしのつながりが薄れてきているといわれています。ひとりで悩んでおられる先生も多いと思います。インターネット上とはいえ、つながれる時代になったのですから、Facebookでいろいろなことを出しあってはいかがでしょうか。

　「そのための相手を見つけるのがまずたいへん」と言われそうですが、Facebookにはグループという便利な機能があります。同じ考えや目的をもっている人たちが集いあって、

● Facebook グループ「創る 学ぶ つながる ICT」
https://www.facebook.com/groups/create.ict/

議論したり、情報を交換・共有したりすることができます。

　わたし自身もFacebookグループ「創る 学ぶ つながる ICT」を立ち上げています。本書を読んでくださっているみなさんも、ぜひ、グループにご参加ください。多くの書籍では、わからないことがあった場合、著者にまで質問するというのはなかなかできないことですが、このFacebookグループでご質問いただければ、きちんと答えます。また、その質問をグループのみんなで共有し、高めあっていければと思います。

ICTの活用で
教育の未来をひらく
新しい学びのかたちをめざして

　日本の教育現場でICTの活用の必要性が言われていますが、「活用」という言葉だけがひとり歩きしているように感じるのは、わたしだけでしょうか。「そう言われても、どのように活用すればいいのかわからない」というのが多くの先生方の本音ではないでしょうか。
　たしかに、いろいろなデジタル機器・システムが導入され、ICTの教育活用が進んでいるように見えます。しかし、じっさいはどうでしょうか。設備ではなく、学びの形態・内容の観点からは、国際的な評価はけっして高くないのです。多くの問題点が指摘されてもいます。わたしも、Microsoftの国際教育ネットワークで多くの海外の先生方の実践を目にするなかで、日本のICTは真に活用されているとは言いがたいと感じています。
　結びとなるこの章では、日本のICTの教育活用の特徴や問題点を押さえたうえで、新しい、ICTを活用した学びのあり方について考えていきたいと思います。

ふたつの学びの場から

　わたしは小学2年のときに失聴し、失聴したあとも普通学校で学びました。聴覚支援学校（ろう学校）の教師になって30数年になります。学生時代から障害者運動にも参加し、反差別・共生の取り組みをいろいろな人たちとともにおこなってきましたが、そのなかで、聴覚障害をもった子どもたちが自分の未来を切りひらいていってほしい、そのための支援もしたいと思うようになり、2010年には、聴覚障害の児童・生徒が学ぶ場「ぼちぼちEdu」を立ち上げました。現在、学校と「ぼちぼちEdu」、ふたつの学びの場にかかわっていることになります。

　このふたつの学びの場のかたちや中身は、当然のことながら同じではありません。ぜんぜん違うのです。先生方もそれぞれにご自身の教育理念をもっておられると思いますが、いまの日本の公教育体制のもとでは、その理念を実践していくことが困難であると感じられたことはないでしょうか。わたしは多くの壁にぶつかりました。しかし、自分の理念は貫きたい、理念にもとづいた実践をしてみたい、その思いで「ぼちぼちEdu」をはじめました。

　日本の公教育の問題について、わたしがあらためて語る必要はないかもしれませんが、わたしは、「多様性を認めない」というところにいちばんの問題があると思っています。日本の教育は基本的に、違うことを認めません。個々を大切にせず、異質のものを排除します。

　そのひとつの例を挙げてみます。障害児教育にかかわっている場合、問題意識のある教師なら、障害児の学ぶ場やそのあり方についてふたつの立場に分かれます。ひとつは、障害をもっている子どもは専門的教育が充実している支援学校で教育を受けるのが当然であるという立場。もうひとつは、地域でともに生きるということを大事にして、障害児も普通学校でともに、という立場です。

　どちらの立場もいろいろな観点から考えることができますが、わたしは自身が普通学校でいろいろな友だちと関係をつくって生きてきたということもあり、後者の立場に立ちます。それで、いろいろな障害児の「普通学校でともに学びたい！」という思いを実現する運動にもかかわってきたのですが、それを拒否する教育委員会や学校の言い分の多くが「受け入れる態勢・設備が整っていない」でした。わたしは、これは表面的な理由であり、真の理由は「違うものの存在は認めない」という日本の教育の排除の論理にあると思っています。これは、日本社会の少数者排除の論理そのものですね。「学

ICTの活用で教育の未来をひらく　新しい学びのかたちをめざして

ぽちぽち Edu の学びのようす。
小学校高学年から中学生までの
児童生徒たちが学ぶ。
デバイスは1人1台使用

校は社会の縮図」とはよく言ったものです。

　このような教育の根幹にある思想が、具体的に児童や生徒の学びのかたち、そして教師の教育活動などあらゆる内容の制限にまで結びついていると思います。ICTの教育活用も例外ではありません。いろいろな課題がありますが、どこかでこの問題とつながっていると感じています。デジタルテクノロジーを有効に活用することによって、新しいすてきな学びがつくりだせるはずなのに、それがなかなか進展しないでいます。なぜなのでしょう。これについて、考えてみたいと思います。

技術の進化に追いつけない 日本のICT教育

　わたしが教師になった1980年代からCAI（Computer Assisted Instruction）、コンピュータ支援教育という考えが出てきました。学校教育においてコンピュータを最大限に活用していこうというもので、当時の文部省も情報教育の重要性を打ち出しています。しかし、この当時はデバイス【注】やデジタル技術はいまとはくらべものにならないくらい貧弱なものであり、かつスキル習得のハードルも高かったため、広がりはあまりみられませんでした。

　コンピュータが普及しはじめたのはMicrosoftのWindowsが登場してか

【注】ここでは、パソコン、タブレット、スマホ、デジカメやスキャナなどの周辺機器といったICTの教育活用で必要とされるさまざまなデジタル機器を「デバイス」という言葉で表現します。コンピュータはデバイスに含めます。

らです。とくに、1995年は特筆すべき年です。Windows95、そして初代のIE (Internet Explorer) がリリースされました。コンピュータがわたしたちの生活・生き方に大きな意味をもちはじめた年です。これ以降、教育現場でもコンピュータの導入が進んでいます。それからかなり遅れましたが、2010年には初代iPadがリリースされています。

2000年代に入ってから、文部科学省も学習指導要領などでコンピュータやインターネットを活用した教育の必要性を打ち出しています。大阪においては、教育現場でICTの教育活用が論じられるようになったのは2005年ころからです。

このころからでしょうか。デジタルテクノロジーの進化がそれまで以上に速くなってきます。十年一昔という言葉がありますが、デジタル技術の分野では三か月一昔です。この時期から現在までの、大きなポイントを4つ挙げておきます。

1 携帯電話の爆発的な普及とそのコンピュータ化。それにともなういろいろな負の問題の発生（いじめや犯罪につながる事例など）。
2 FacebookやTwitterなどのSNS（ソーシャル・ネットワーキング・サービス）による、人と人との新しいつながり方の広がり。
3 オンライン環境にあることを前提としたデバイスの使用。
4 OneDrive、Dropboxなどのクラウドサービスの広がり。

このような大きな変化に、自由な動きができにくい日本の学校はついていけなくなっています。そして、教師たちも、一部のデジタルエキスパートの人をのぞいて、ついていけなくなっています。

日本の学校のICT活用にたいする疑問

流れについていけていないというのはひとまずおいて、日本のICTの教育活用にはどのような特徴があるのでしょうか。これをズバリと説明するのは難しく、活用環境、活用内容など論じる観点はいろいろあります。

この本は、「ICTをもっとクリエイティブに活用しよう」と呼びかけていますので、この観点から、問いかけに答えるというかたちで書いてみます。

1 日本の学校におけるICTの利用は、どんなかたちが多いのか？

多くは、一斉授業において教師が電子黒板、大型モニター、プロジェクターで提示するかたち。講演会と基本的に同じだろう。その内容も教科書や資料をスキャンしただけといったものや、児童・生徒が理解していけるようにつくりこまれていないものが目立つ。このような現状だから、児童・生徒みずからがデバイスを使って主体的な学びをしている事例となると、きわめてかぎられてくる。

2 クリエイティブな活用がされているか？

ここでいうクリエイティブとは、つぎの3つの側面について。

■デバイス（ツール）の機能をクリエイティブに活用する

デバイスの機能およびアプリを有効に使った学びができる代表的なものがiPadだろう。子どもでもマニュアルなしですぐに慣れ、使いこなすことができる点ではすぐれたツールだといえる。MicrosoftのオフィスツールもiPadで利用できるようになっており、PowerPointでしっかり教材をつくりこんでそれをiPadで活用するというかたちはおすすめできる。

■教材そのものをクリエイティブにつくる

わたしがいちばん問題に思っていることだが、電子教科書や授業支援アプリという教育産業の商品を安易に使うべきではない。デジタルにかぎらず、教材というものは目の前にいる児童・生徒の実態にあわせて「なんとか理解させたい！」という気持ちでつくりこんでいくもの。安易な商品・アプリの利用は教師の教材作成力を落としかねない。

■クリエイティブな活用スタイルをつくる

デジタルによって、いままでできなかったことができるようになった。わたしは、そのもっとも大きなことは「いろいろな人とつながれることになったこと」だと思っている。それを活用して国籍・人種・障害などの違いを超えて、いろいろな人たちの存在を知り、多様性のすばらしさを実感していける教育ができるようになることを切望している。しかし、日本においてはさまざまな制約がかかってしまう現実がある。個人情報の保護、セキュリティ上の問題などいろいろな理由が挙げられているが、ほんとうの理由は、日本の教育に、多様性のすばらしさを大事にしていこうという理念がない

からだろう。理念があれば積極的な方向に進むはずだから。このような実践はまだまだ困難だろう。

　海外の取り組みを調べていて痛感するのですが、日本においては硬直した教育制度・体制の縛りもあって、ICTも自由にのびのびとした活用ができていないと感じます。ともすればデバイス機器の購入・整備だけで事足れりというような例があちこちで見られるのは、ほんとうに残念なことです。

理念をもってICTの活用を

　日本のICTの教育活用には、このように多くの問題があります。わたしは、いままで学校や研究会の場でいろいろな問題提起をしてきましたし、これからも「ぼちぼちEdu」という、教育行政や管理体制に縛られない自由な学びの場でこれらの問題をクリアしていく学びをしていきたいと考えています。

　大事なことは、ICTにかぎったことではないのですが、自分なりの活用の理念、かたちをもつことだと思います。

　わたし自身のICT活用の理念・かたちは――。

1　自身が聴覚障害者ということもあり、聴こえない子どもたちにデジタルのビジュアル性を利用していろいろなことを理解させたい、知らせたい。そのためにPowerPointとビデオ編集のスキルを高めていく。
2　聴こえない子どもたちに、いろいろな人とつながることによって自分の世界を広げ、いろいろな人たちと豊かな共生・共同の関係を築いて自信をもって生きていってほしい。そのつながりをつくるためにデジタルを活かしてほしい。
3　目の前にいる子どもを大切にして、子ども一人ひとりの実態・力にあわせたデジタル教材づくりをしていく。教育産業の商品アプリの安易な使用や、過去の教材の使いまわしをしない。
4　デジタルはひとつのツール（道具）と捉えていい。しかし、ハサミやノリのようなものではなく、自分を実現するための特別な、大きな可能性をもったツール。そのツールを使いこなすスキルを習得し、自分を高めていってほしい。

5　自分自身が楽しくなる使い方をしたい。クリエイティブに、アクティブに、フレキシブルに……。
　6　多くの人に見ていただき、評価をいただきたい。共有もしておたがいに高めあっていきたい。

　今後、ICT の教育活用は教育現場でもっと広がっていくと思います。知識を高め、スキルを磨くことも大事ですが、まずは自分のしっかりしたかたちをもつことが必要でしょう。そうでないと流されてしまいます。

　いまの ICT 活用の実情は、はっきり言って、現場の実態やニーズから遊離したものであると感じています。それにたいして、多くの先生方は不安や迷いを抱いておられるのではないでしょうか。

　教師一人ひとりが実態を認識したうえで自分の ICT 活用の理念・かたちをしっかりもち、それを共有しあっておたがいを高め、それを子どもたちに還元し、ひいては子どもたちの主体的な学びをつくっていく。そのような取り組みをとおして、新しい ICT の活用が展望でき、豊かな教育活動を展開していけると考えています。

OneNoteを活用した海外の学びのかたち

　Microsoft の OneNote というツールをご存じでしょうか。デジタルノートといえばわかりやすいかもしれません。何かのテーマのもと、それに関連するいろいろな情報を集め、そのテーマについての理解を深めるものです。写真・動画・音声・イラストなどはもちろん、PowerPoint スライドや web サイトの情報も挿入することができます。そして、ほかの人と共有して共同したワークをおこなうことによって、さらに内容豊かなノートにしていけるというのも大きな魅力です。

　このツールは、仕事や趣味などで役に立つのですが、教育の場でも、調べ学習や行事の取り組みなどいろいろなことに使えると思います。海外の学校では、この OneNote の活用例がたくさん出ています。(Microsoft in Education の YouTube 動画、https://youtu.be/RoyNdegb_iM をご覧いただくと、イメージしやすいと思います。)

　ノルウェーの小学校の事例では、ひとつのテーマについてグループでプロ

オーストリアの公立ビジネス学校の数学の授業のようす（15歳クラス）

写真提供：Kurt Söser

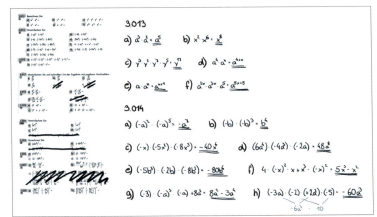

OneNote にアップされた問題に各自で取り組み、
計算の過程や解答を書きこんでいく。
解説もノートを使って共有される

生徒のノートの例

　ジェクトをつくり、共同作業をおこなっていくさいに OneNote を活用しているそうです。グループのメンバーどうしだけでなく、ほかのグループとも収集したさまざまなデータ・情報を共有し、また、それに教師も参加してアドバイスしてまとめあげていくということがリアルタイムにできているそうで、アクティブな学びをしていると紹介されています。また、教員間、教員と保護者間でも、情報の共有に OneNote を利用しているそうです。

　一方、日本の学校でこのツールを活用しているところはひじょうに少ないようです。Microsoft 主催の教育関係者対象の学びのセミナーに何度か出席したことがあるのですが、そこに来ておられた教育委員会の方の言葉が印象的でした。「たしかにいいツールで、わたしが現場にもどったら使ってみたいとは思うが、日本の学校ではじっくりと何かにはまって取り組むことはできない。そういうゆとりがない。日本ではなかなか普及しないと感じている」。

　この言葉が日本の ICT 活用の中身をズバリ言い当てていると思います。OneNote のような主体的な学びができるツールは、日本では活用されていません。設備などの物理的な問題ではなく、日本の学校では教師が一方的に教授するというスタイルが当然と考えられており、児童・生徒の自由でのびのびとした学習活動は否定的に見られているか、ひじょうに制限されてい

OneNoteでの学び「手話の広がりをめざして」

考えあい、話し合うテーマの提起

下水処理場の職員さんが
手話で話している場面の動画を挿入

グループごとに話し合っていることをまとめ、おたがいにリアルタイムで共有。
それぞれのデバイスから、同時に書きこむこともできる

みんなで自由にメッセージを
書きこんでいく

るということが大きな原因です。教育課程上の時間的な制約もありますが、わたしはこういうところにも旧態依然の日本の教育を感じています。海外、とくにヨーロッパ諸国の学校でOneNoteだけでなくICTの活用形態がクリエイティブなのは、自由でアクティブな教育活動がおこなわれているからであろうと思います。

　もうひとつ、これまでの日本の学校では「他者と共有して取り組む」という意識が薄く、ともすれば個人ワークになりがちでした。このようなこともOneNoteが普及しにくい要因ではないかと思っています。

　2014年6月、アメリカからMicrosoftが「ぼちぼちEdu」に取材に来ださい（前章参照）、OneNoteによる学びをおこないました（上の写真を参照）。テーマは「手話の広がりをめざして」。大阪市の下水処理場の方々との取り組みをふりかえって、これから手話をもっと広めるにはどうしたらいいか、3

グループに分かれて話しあうというものでした。時間的な制約があり十分に深めることはできませんでしたが、3つのグループ間で、OneNoteで話しあっていることを共有し、おたがいに刺激しあえる学びをしました。

日本の教育を変えるきっかけに

　デジタルテクノロジーの利用については、肯定的な意見、そうでない意見、いろいろな意見がありますが、身体的な問題で移動や通信などによる社会参加や人とのつながりを阻まれてきた障害者にとっては、生き方を大きく転換させることができる武器ともなるものです。これから、デジタルテクノロジーが障害者のアクセシビリティをさらに促進させていくことを願ってやみません。

　ICTの教育活用の現状について、かなり否定的な感じで述べてしまった感がありますが、わたしはデジタルテクノロジーによって国籍・人種・障害などを超えていろいろな人たちがつながっていってほしいと思っています。だからこそ、既成の枠にとらわれないICTの教育活用を訴えつづけています。

　この章のはじめのところで障害児教育について書きましたが、わたしがその共生・共学の運動に参加するなかで、ほかの多くの障害者の方々からたくさんの貴重なことを学びました。

「ちがうことこそ、ばんざい!」
「障害児がいてこそ見えてくる。学校が変わる」

　これがわたしの出発点でもあるからこそ、いままで一貫して学校教育のなかに多様性を求めつづけてきました。ICTの活用についての主張もここがベースになっています。

　もっと自由に、もっと多様に、もっとワクワクと、子どもたちも先生たちも取り組もうではありませんか。ICTの活用が、少しずつ日本の教育を変えていくきっかけになることを期待しています。

PowerPoint そのほかのお役立ち情報

自己流の使い方ができるのも、PowerPoint の楽しいところです。
覚えておくとちょっと便利な、わたしの使い方を紹介します。

●フォントを選ぶ
「メイリオ」が見やすいです。
漢字学習など、文字を正確に学ばせる場合は「教科書体」を。
「ポップ体」は字が正確ではないのでオススメしません。

メイリオ と あ
ポップ体 と あ

●A4 サイズ用紙にきれいに印刷
「デザイン」→「スライドのサイズ」からそのまま A4 を選択しても印刷のときに余白が不自然になります。
「幅」の欄に 29.7cm、「高さ」の欄に 21.0cm の値を直接入力します。

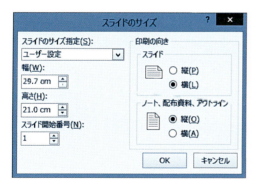

●「スライドショー」で便利なショートカットキー
マウスを使っていちいちツールバーから選択しなくても、キーを押すだけでできる機能です。

[F5]　1枚目からスライドショー
[Shift]+[F5]　編集画面で選択しているスライドからスライドショー
[Esc]　スライドショーの終了
[B]　スライドを真っ黒に
[W]　スライドを真っ白に
話し手だけに注目させたい場合、スライドの内容を覚えているか確認してみたい場合に便利です。

[数字]+[Enter]　指定したスライドに移動
[Ctrl]+[Esc]　タスクバーの表示（p38 参照）

●図ツールを活用する
PowerPoint を写真加工ソフトとして活用しましょう。かんたんに修正や加工ができます。
個人情報の保護で画像の一部をぼかしたりするのも、図ツールの「アート効果」でさっとできます。

わたしの顔をぼかしてみました。加工後は「画像形式で保存」します。

この本のPowerPoint教材について

この本でご紹介したPowerPoint教材をみなさんと共有したいと思います。いままでにない新しい試みですが、まずはやってみようではありませんか。

方法1 表示のみでいい場合（編集はできません）
下記のOneDriveのURLにリンクすることで共有できます。
http://1drv.ms/1T3Wgef

方法2 表示だけでなく、編集もしてみたい場合
［方法1］で確認して、編集を希望する教材のWEBナンバーをわたし宛てにメールでお知らせください。
メールアドレス：**inabamichio0218@live.jp**
そのさい、下記のように氏名・所属も明記してください。
　　（例）
　　○○県○○市　○○小学校の○○○○と申します。
　　PowerPointのデータを編集したいと思います。よろしくお願いします。
　　OneDrive WEBナンバー：WEB2_10
確認後、そのメールアドレスに編集可能なPowerPointデータのOneDriveリンクをお送りします。
本についての感想・質問なども大歓迎です。わたしは、人と人がつながることを大切にしています。読者のみなさんともつながっていきたい、そしてできれば共同・コラボレーションできる関係をつくっていければと思っています。ですから、［方法2］をおすすめします。

方法3 通常の方法でダウンロード
太郎次郎社エディタスのサイトのこの本のページからダウンロードできます。
http://tarojiro.co.jp/product/5490/
　（ここからダウンロードのページへ移動してください）

【注意】教材に使用したイラストなどの素材には、この本への掲載および教育目的での閲覧・編集にかぎり、利用を許可されているものがふくまれています。素材をとりだして公開・転用する場合については、著作権者の許可を得る必要があります。

教材一覧

WEB ナンバー＋教材名　　　本のなかの紹介ページ

- WEB［1_1］こんな教材もつくれる……………………12
- WEB［1_2］改良を重ねる……………………………13
- WEB［2_1］問いをひきだそう………………………19
- WEB［2_2］視覚的に実感させたい…………………20
- WEB［2_3］テーマを分けて…………………………21
- WEB［2_4］大阪城が豊臣秀吉に……………………23
- WEB［2_5］コミュニケーションしながらすすめる…………24
- WEB［2_6］京セラドームを1個ずつ…………………25（上）
- WEB［2_7］13個同時に京セラドーム…………………25（下）
- WEB［2_8］アニメーションの開始のタイミング……26（上）
- WEB［2_9］消えるリンゴ………………………………26（下）
- WEB［2_10］動く分度器………………………………27
- WEB［2_11］移動する小数点…………………………28（上）
- WEB［2_12］数字が下に………………………………28（下）
- WEB［2_13］数字がリンゴに！…………………………29
- WEB［2_14］変わる信号………………………………30
- WEB［2_15］自由に見たいスライドへ…………………32
- WEB［2_16］練習ソフトもつくれる…………………33
- WEB［2_17］漢字パズル………………………………34（上）
- WEB［2_18］くだものマッチング………………………34（中）
- WEB［2_19］英単語をつくろう…………………………34（下）
- WEB［2_20］動画でビジュアルに………………………35
- WEB［2_21］全画面再生で集中させる…………………36
- WEB［2_22］PowerPointがムービーに…………………37
- WEB［2_23］YouTubeもリンクさせよう………………39
- WEB［2_24］算数 5のかたまり…………………………41
- WEB［2_25］算数 たし算………………………………43（上）
- WEB［2_26］算数 ひき算………………………………43（下）
- WEB［2_27］算数 4コマ文章問題………………………44
- WEB［2_28］算数 10円玉の回転………………………45
- WEB［2_29］国語 音読みと訓読み………………………46
- WEB［2_30］国語 7時5分前とは………………………47（上）
- WEB［2_31］国語 正しいのはだれかな…………………47（下）
- WEB［2_32］国語 ことわざを楽しむ……………………48
- WEB［2_33］国語 調理のことば…………………………49
- WEB［2_34］社会 近畿地方………………………………50
- WEB［2_35］社会 ごみ処理を大きくつかむ……………51
- WEB［2_36］社会 水の流れを大きくつかむ……………52
- WEB［2_37］社会 地震が起きたら………………………53（左）
- WEB［2_38］社会 歴史を大きくつかむ…………………53（右）
- WEB［2_39］理科 花のずかんをつくろう………………54
- WEB［2_40］理科 四季を楽しもう………………………55（上）
- WEB［2_41］理科 梅雨ってなに…………………………55（下）
- WEB［2_42］理科 夏至とは………………………………56
- WEB［2_43］英語 楽しくアルファベット………………57
- WEB［2_44］「知ることは楽しい」コマーシャル………58
- WEB［2_45］こんなチラシ・ポスターがつくれる……59
- WEB［2_46］学級通信もつくれる………………………60
- WEB［2_47］劇もPowerPointで練習……………………61
- WEB［2_48］思い出のアルバムづくりも…………………62
- WEB［2_49］Office Mixはこんな感じ……………………63
- WEB［3_1］下水道用語の手話……………………………70
- WEB［3_2］大阪地下鉄駅名の手話………………………75
- WEB［3_3］マイクロソフトがぼちぼちEduを紹介……79

※ WEB［2_15］と WEB［3_1］の内容は同じです
（下水道用語の手話）

あとがき

　わたしがICTの教育活用に関する本を出版したいと思ったのは2014年の夏です。PowerPointのテクニックそのもの以上に、これまでかかわったすばらしい人たちのことを知ってほしいという思いがありました。

　長いあいだ、下水処理場の人たち、聴覚障害の子どもたちと取り組んできたコラボワークが、「人と人とを結びつけるICTの活用のモデル」としてMicrosoftの教育分野での活用を担当する方々に評価され、世界に紹介されるというサプライズがありました。そうした人たちとのすばらしいワーク、そして、ともに取り組むことのすばらしさを伝えたかったのです。

　わたしは、「人は違ってこそ意味がある、違いを楽しもう、いろいろな、違った人たちと出会うことを楽しもう」と子どもたちによく言っているのですが、この出会いを共同にまで高めることができたら最高です。聴覚障害の子どもたちも、共同するなかで、自分がこれから生きていくための何かを感じてくれたと思います。

　人生のなかで最高の経験をすることができましたが、これも出会いがあったからこそ。大阪市の下水処理場で手話に取り組む「チーム桜」のメンバーのみなさんにまずお礼申し上げたいと思います。そして、いま、交通バリアフリーに取り組んでいる大阪市交通局の地下鉄運転士さんたちの「チームもぐら」のみなさん、今後の共同を楽しみにしています。そして、「ぼちぼちEdu」や聴覚支援学校の聴こえない子どもたち。これからも、いろいろな人たちと出会い、共同して社会を変えていきましょう。

　ほんとうに多くの人たちのおかげで、わたしが大事にしてきたことが本になりました。出版にあたっては、太郎次郎社エディタスの須田正晴氏、漆谷伸人氏に的確なアドバイスをいただきました。この場を借りて厚くお礼申し上げます。

2016年3月

稲葉通太

●著者紹介
稲葉通太
いなば・みちお

1960年、大阪府生まれ。NPO法人「デフサポートおおさか」副理事長。
6歳のとき、交通事故の後遺症で失聴。1984年、大阪府立生野聴覚支援学校に赴任。
2015年より大阪府立堺聴覚支援学校教諭。聴覚障害児・生徒にたいする教育サポート
「ぼちぼちEdu」(http://bochi-edu.com/)を2010年に立ち上げる。
「ちがうことこそばんざい」「出会いから共同へ」を大事にした教育実践に取り組む。
子どもたちとの実践は教室を飛びだし、下水処理場の職員との共同した学びへと発展、
2013年、その先駆的な取り組みがMicrosoftにより高く評価され、
Microsoft Expert Educatorの認定を受ける。
2014年、Microsoft主催のICT教育活用世界大会（スペイン）に出場し、
外国の教師たちとのグループワーク分野で最優秀賞を受賞。
さらに2015年には、「ぼちぼちEdu」の活動が
日本教育情報化振興会主催のICT夢コンテストで入賞を果たす。
現在も、国内外の多くの教師、地域の人びととつながりながら、
ICTをつうじたワクワクした学びの可能性を広げている。

教師のためのパワポ活用術
教材づくりもグループ学習も体験学習も

2016年3月15日　初版印刷
2016年4月5日　　初版発行

著者 ……………… 稲葉通太
装丁 ……………… 山田信也（スタジオ・ポット）
発行所 ………… 株式会社太郎次郎社エディタス
　　　　　　　　東京都文京区本郷3-4-3-8F　〒113-0033
　　　　　　　　電話 03-3815-0605
　　　　　　　　FAX 03-3815-0698
　　　　　　　　http://www.tarojiro.co.jp/
　　　　　　　　電子メール tarojiro@tarojiro.co.jp
印刷・製本 …… シナノ書籍印刷
定価はカバーに表示してあります
イラスト協力　　わたなべふみ

ISBN978-4-8118-0790-4　C0037
©Inaba michio 2016, Printed in Japan